Rudolf Flotzinger – Egon Wellesz

JOHANN JOSEPH FUX

Musiker – Lehrer – Komponist für Kirche und Kaiser

Akademische
Druck- u. Verlagsanstalt
Graz /Austria

Veröffentlicht mit Unterstützung der
Steiermärkischen Landesregierung in Graz
und der
Kulturabteilung der Stadt Graz

CIP-Titelaufnahme der Deutschen Bibliothek

Johann Joseph Fux : Musiker – Lehrer – Komponist
für Kirche und Kaiser / Rudolf Flotzinger ; Egon Wellesz. –
Graz : Akad. Druck- und Verl.-Anst., 1991
ISBN 3-201-01534-2
NE: Flotzinger, Rudolf; Wellesz, Egon

Einbandgestaltung:
Benno Flotzinger, Graz,
unter Verwendung eines Ölgemäldes aus dem Besitz des
Steiermärkischen Landesmuseums Joanneum, Graz,
Abteilung für Kunstgewerbe
(Inv.-Nr. 875, dat. 1840/50)

Satz:
Rudolf Flotzinger, Graz

Reproduktion und Druck:
Akademische Druck- u. Verlagsanstalt, Graz

Das Kapitel „Das Werk" wurde aus dem Buch
Egon Wellesz: Fux
© Oxford University Press, 1965,
übersetzt.

Inhalt

Abkürzungsverzeichnis

Abb.	Abbildung
Aflg.	Auflage
b.	bei
Bd.	Band
c.	circa
d.i.	das ist
DTÖ	*Denkmäler der Tonkunst in Österreich*
E	Ergänzung (der Werkverzeichnisse)
f.	folio (Blatt), florin (Gulden)
GA	Gesamtausgabe
geb.	geboren
gest.	gestorben
hrsg.	herausgegeben
Hs.	Handschrift
JAMS	*Journal of the American musicological society*
Jh.	Jahrhundert
K	Köchel (Werkverzeichnis)
L	Liess (Werkverzeichnis)
n.	nach
P.	Pater
s.	siehe
S.	Seite
sog.	sogenannt
u.U.	unter Umständen
v.	von
v.a.	vor allem
z.T.	zum Teil

Vorwort

Johann Joseph Fux ist in mehrfacher Hinsicht eine eigentümliche Gestalt der Musikgeschichte: Theoretiker und Praktiker, Lehrer und Komponist; er ist Bestandteil des musikgeschichtlichen Allgemeinwissens und immer wieder als Beispiel für verschiedenste Phänomene genannt, man begegnet ihm aber mit verschiedenen Vorurteilen und selbst in sogenannten Kennerkreisen ist er kaum wirklich bekannt. Zweifellos hat all dies viele Gründe: von der Eigenart seiner Werke über deren noch immer nur bruchstückhafte Erschließung bis zur Überlagerung durch die Klassiker und Romantiker. Wahrscheinlich hat Fux deshalb auch die Musikschriftsteller und -historiker immer wieder besonders gereizt; für mehrere Forscher und Publikationsreihen bildete er den Ausgangspunkt. Auch das vorliegende Buch geht auf einen solchen Fall zurück: 1965 hat Egon Wellesz (1885-1974), ebenfalls Zeit seines Lebens Wissenschaftler und Künstler in einer Person, die *Oxford Studies of Composers* mit einem Büchlein über Fux eröffnet. Im Vorwort schreibt er, seine Studie sei ein verspäteter Tribut an einen Komponisten, den er bewundert habe, seit er (1910) seine Oper *Costanza e Fortezza* herausgab. Je mehr er seine Musik und die Dokumente seines Lebens studiert habe, sei er von Fuxens Doppelrolle als Komponist und Lehrer fasziniert gewesen. Die Studie von Wellesz basierte auf den Manuskripten in der Wiener Nationalbibliothek, den bis dahin erschienenen Ausgaben sowie Büchern und Essays älterer Autoren. Da diese alle in deutscher Sprache verfaßt und Köchels Standardwerk bereits sehr selten geworden waren, sei es sein Ziel gewesen, Fux sowohl englischen Lesern nahezubringen als auch allgemeiner dessen Sache wiederaufzugreifen, "mit Notenbeispielen, die eine Vorstellung von der Spannweite der von ihm gemeisterten Formen geben sollen und überzeugender als Worte für eine Renaissance seiner Musik werben können". Diese Ausführungen sind mehr als ein persönliches Bekenntnis und in vielen Belangen hat sich die Situation seither kaum verändert. Mit einer großen Anzahl einschlägiger Arbeiten haben nach Ludwig v. Köchel (gegen 1870) v.a. die Editionsleiter der Gesamtausgabe lange Zeit die Hauptlast der Fux-Forschung getragen. Diese und die seither erschienenen Werke haben die bisherige Einschätzung zwar weiter differenziert, aber doch weitgehend bestätigt. Der erfreulichste Zug dürfte sein, daß sich das schon bei Van der Meer (1961) abzeichnende internationale Interesse an Fux zu verstärken scheint: einer Mainzer Dissertation (1982) verdanken wir z.B. tiefere Einblicke in die Vespervertonungen, einer kanadischen Arbeit solche in die Oratorien (1983); weiteres ist zum Jubiläumsjahr 1991 zu erwarten, darunter als wesentliche Arbeitsgrundlage eine umfassende Bibliographie sämtlicher Schriften zum Thema J.J.Fux von Ingrid Schubert.

In Hinblick auf die Fuxschen Werke konnte eine Übersetzung der Ausführungen von Wellesz vom Englischen ins Deutsche als Ausgangspunkt für das vorliegende Buch genommen werden, einzelne Passagen wurden auch anderwärtig verwendet; soweit nötig und möglich wurden sie (ohne entsprechende Kennzeichnung) auch ergänzt. Alles übrige, insbesondere die Biographie wurde völlig neu konzipiert. Sie hatte bei Wellesz schon deshalb nur wenige Druckseiten umfaßt, weil damals v.a. über die Frühzeit erst wenig bekannt war. Es ist im übrigen oft gefragt worden, ob es überhaupt notwendig sei, das Leben großer Musiker im Detail zu kennen. Die Befassung damit ist aber stets von der Überzeugung getragen, daß ein künstlerisches Werk, auch ein musikalisches und zumal ein relativ altes, erst dann recht verstanden werden kann, wenn man die dahinterstehende Persönlichkeit und die Entstehungsbedingungen näher kennt oder wenigstens vorstellbar sind. Aus dem Gesagten ergibt sich für mich die Hoffnung, daß mit Recht von einer "Gemeinschaftsarbeit" mit einem verstorbenen Autor gesprochen werden kann, die auch in seinem Sinne (v.a. der Art, über Musik zu reden) erfolgte. Für die Erlaubnis zu dieser Vorgangsweise sei der *Oxford University Press* und Frau Elisabeth Kessler-Wellesz herzlich gedankt. Das Jahr 1991, in dem sich der Tod dieses Musikers zum 250. Mal jährt, war der Anlaß für den Verlag, bei dem auch die Gesamtausgabe erscheint, diese Arbeit anzuregen. Auch dafür sei gebührend gedankt, geht es doch um einen Musiker, der nicht nur von Laien noch immer zu entdecken, sondern der auch manchen Fachleuten erst nahezubringen ist.

Graz, im Sommer 1990   Rudolf Flotzinger

DAS LEBEN

Fux ist der führende österreichische Komponist des Barock, gewissermaßen das musikalische Gegenstück zu Fischer v. Erlach und Rottmayr. Um die Tragweite dieser Aussage ermessen zu können, genügt es nicht nur, sich seine Musik zu vergegenwärtigen. Vielmehr muß man die längerfristige politische Situation bedenken, insbesondere die Geschehnisse des Jahres 1683, der siegreich abgewehrten Belagerung der Haupt und Residenzstadt Wien durch die Türken. Seit zwei Jahrhunderten hatten die Türken schrittweise große Teile von Osteuropa unterworfen. Ungarn, das unter Matthias Corvinus (1458-90) geblüht hatte, wurde unter seinen Nachfolgern Ladislaus und Ludwig II. angegriffen. Letzterer verlor in der Schlacht bei Mohács 1526 auch sein Leben. Das Land wurde bis zur Theiß Teil des Türkischen Reiches, während Ferdinand von Österreich, der mit Ludwigs Schwester verheiratet war, von West-Ungarn Besitz ergriff. Sultan Soliman aber machte einen ungarischen Notabeln zum König von Ungarn und griff im Herbst 1529 Wien an; aber die Besatzung schlug alle Angriffe zurück,und die Türken hatten die Belagerung aufzugeben. Trotzdem blieb die Situation an der Ostgrenze für mehr als ein weiteres Jahrhundert unsicher. Dann zehrte der sogenannte Dreißigjährige Krieg (1618-48) ständig an Österreichs Resourcen, und die Türken erneuerten ihren Druck, indem sie den Aufstand der ungarischen Magnaten gegen den Kaiser unterstützten. Schließlich sandte der Sultan 1683 neuerlich eine riesige Armee gen Wien. Leopold I. und der Hof flohen nach Passau. Das Schicksal Wiens und damit des Reiches schien besiegelt. Aber 60 Tage lang schlug die Besatzung unter Graf Ernst Rüdiger von Starhemberg alle Angriffe zurück, bis die vereinigten kaiserlichen und polnischen Truppen unter dem Oberbefehlshaber Karl von Lothringen und König Johann Sobieski, von den Höhen nördlich der Stadt herabstürmend, einen überwältigenden Sieg erringen konnten. Die Türken gaben ihr Lager auf und flohen zunächst nach Ungarn. Dies bedeutete eine Zeitenwende: das Ende des türkischen Vormarsches nach Zentraleuropa und den Beginn eines neues Reichsbewußtseins, ja Lebensgefühls. Die kaiserliche Armee unter Prinz Eugen von Savoyen (1663-1736, seit 1683 im österreichischen Heer, seit 1693 Feldmarschall) ergriff die Initiative und drängte die Invasoren schrittweise zurück. Eugens Siege bei Peterwardein 1716 und Belgrad 1717 beendeten die Unsicherheit, die in Österreich, solange die Türken Ungarn besetzt hielten, noch immer geherrscht hatte. So wurden die Jahre zwischen 1684, als der Hof wieder nach Wien zurückkehrte, und 1740, als die beiden großen Opponenten, Maria Theresia in Wien und Friedrich II. in Preußen, auf den Thron kamen, die blühendsten der österreichischen Geschichte.

Wien hatte schwer unter der Belagerung 1683 gelitten. Die Stadt mußte praktisch wiederaufgebaut werden; dafür standen Hof und Adel die größten Architekten der Zeit zur Verfügung: Fischer von Erlach[1] baute u.a. die Karlskirche, die Hofbibliothek, das Palais Schwarzenberg und das Winterpalais des Prinzen Eugen von Savoyen; Johann Lucas von Hildebrandt (1668-1745) das Belvedere, die Sommerresidenz des Prinzen Eugen.[2] Der Stil dieser Baumeister ist allgemein als "österreichischer" oder "Wiener Barock", in der Kunstgeschichte als *Reichs-* oder *Kaiserstil* bekannt. Dieser wird als vor allem von Fischer v. Erlach getragene schöpferische Synthese von italienischem Hochbarock und französischem (aber auch dem palladianischen) Klassizismus verstanden, ausgelöst von dem kaiserlichen Auftrag, beide zu übertreffen, wobei auch die Angleichung der imperialen und kirchlichen Sphären des Kunstschaffens wesentlich sind.[3] Das musikalische Pendant, der berühmteste Vertreter der österreichischen Barockmusik, sollte Fischers Landsmann und Zeitgenosse Johann Joseph Fux werden. In seiner Musik finden sich ähnliche Bestimmungsmomente wieder.[4] Die Bühnen und Dekorationen für Fuxens Opern schließlich baute der große italienische Architekt und Bühnenausstatter Fernando Galli-Bibiena (1657-1743). Man kann also geradezu als typisch ansehen, daß alle diese Künstler nicht in Wien selbst geboren, aber von dieser Stadt, vom hiesigen Hof, dem hier ansässigen Adel sowie den Institutionen der Kirche angezogen und beschäftigt, und daß sie nicht zuletzt von den Bewohnern dieser Stadt angenommen wurden.

[1] Johann Bernhard Fischer war 1656 in Graz geboren, hier von seinem Vater zunächst als Bildhauer ausgebildet, ging 1670 oder 1674 nach Italien, kam 1686 zurück nach Graz und ging spätestens 1688 nach Wien, wurde 1689 Lehrer der Architektur und Hofarchitekt des Kronprinzen und Königs von Ungarn; er entwickelte in den 1690er Jahren den österreichischen Barock-Baustil und verdrängte mit diesem die bis dahin führenden Italiener, wurde 1694 kaiserlicher Hofarchitekt und -Ingenieur und 1701 als "von Erlach" geadelt, er stand ab 1705 an der Spitze des kaiserlichen Bauwesens und starb 1723 in Wien.
[2] V.a. außerhalb Wiens war schließlich Jakob Prandtauer (1660-1726) tätig .
[3] Hans Sedlmayr, Die politische Bedeutung des deutschen Barock. In: *Epochen und Werke* II (Wien-München ²1960) S.141, 145, 152.
[4] Friedrich W. Riedel, Der "Reichsstil" in der deutschen Musikgeschichte des 18.Jhs. In: *Bericht über den Internat. musikwiss. Kongreß Kassel 1962* (1963) S.34-36.

Jugend und Lehrzeit

Lange Zeit war über Fuxens Leben so wenig bekannt, daß man gelegentlich sogar meinte, er könnte selbst später gewisse Spuren seines Lebens verwischt haben. Für diesen absurden Verdacht gibt es jedoch keinen stichhaltigen Anhaltspunkt. Vielmehr sollte man sich vor Augen halten, daß die Quellenlage ganz seinem Lebensweg entspricht: Über einen armen Bauernbuben aus der Steiermark sind von vornherein kaum schriftliche Aufzeichnungen zu erwarten,und mit seinem Aufstieg bis zum Hofkapellmeister in Wien nehmen diese dann schrittweise zu. Man muß der vielzitierten Karriere "von Hirtenfeld nach Wien" nur das Klischeehafte nehmen und die Aussage ernst nehmen. Wo direkte Zeugnisse fehlen, können Rückschlüsse von seiner Umgebung oder Hinweise auf die allgemeinen Zustände durchaus helfen, sich den in diesem Netz von Beziehungen befindlichen Menschen wenigstens in angemessener Weise vorzustellen. Voraussetzung dafür ist lediglich, daß belegte und erschlossene Tatsache, Faktum und Möglichkeit auch in der Formulierung auseinandergehalten werden. Die Biographie eines Menschen besteht niemals nur aus dem, was die Dokumente über ihn aussagen; sie kann aber auch nicht, wie andere weis machen wollen, nur vom Einfühlungsvermögen eines Schriftstellers richtig erfaßt werden.

Fuxens Geburtsdatum ist unbekannt. Er selbst hat aber mehrmals die Steiermark als sein Geburtsland und Hirtenfeld als Geburtsort angegeben. So steht es auch in den Lexika. Hirtenfeld war allerdings nie ein selbständiger Ort, sondern eine aus wenigen Häusern bestehende Ortschaft innerhalb der Katastral-, heute politischen Gemeinde Langegg b. Graz, damals zur Pfarre St.Marein am Pickelbach gehörig.

Davon ausgehend hat Köchel die ersten Matrikelstudien in St.Marein unternommen und in seinem Buch sogar den ersten Versuch eines Stammbaums vorgelegt. Dabei betonte er zwei Schwierigkeiten: daß die Pfarrbücher in St.Marein über das genaue Geburtsdatum keinen Aufschluß geben könnten, "da sie im Jahre 1662 ohne Ausnahme bei einer Feuersbrunst verbrannt wurden, und die neuen mit dem Jahre 1663 anfangen", und daß "der Name Fux mehreren unter einander nicht verwandten Familien in jener Gegend" zukomme. Beides ist nicht ganz richtig.

Die Pfarrmatrikeln wurden in St.Marein offenbar erst durch den Pfarrer Petrus Hoffer 1663 begonnen, d. h. es hat vorher gar keine solchen gegeben; im Jahr zuvor soll das Pfarrhaus abgebrannt sein, doch kann die Beschädigung eines späteren Matrikel-Bandes damit nichts zu tun haben. In der von Köchel angeschnittenen Frage der Verwandtschaften ist zwar ein letzter

Beweis nicht zu führen, doch spricht alle Evidenz dafür, daß die verschiedenen Fuxischen Familien in der Pfarre sogar recht eng versippt waren: die verschiedenen Träger dieses Namens fungierten gegenseitig immer wieder als Taufpaten und Trauzeugen.

Abb.1: St.Marein, Blick auf die Kirche von Südosten, im Vordergrund Mariensäule von 1875 mit Inschrift: *Dem frommen Verehrer der Gottesmutter / Dem großen Meister der kirchlichen Tonkunst / Johann Josef Fux / geb.1660 gest.1741 / Die Heimatpfarre / Gressus est ad parnassum.*

Hier wurde Köchel wohl dadurch, daß er nur bestimmte, auf den Komponisten direkt bezogene Spuren weiterverfolgte, in die Irre geführt. So kam

10

er auch dadurch, daß er die sogar im Testament der Maria Fux von 1771
angegebene Tatsache übersah, die Frau ihres Bruders Sebastian (gest.
1759) hätte ein zweites Mal geheiratet (womit das Heimathaus in fremde Hände
überging), ebenso wie durch mündliche Aussagen der letzten noch lebenden
Verwandten von Fux in der Frage des Geburtshauses des Komponisten auf
eine falsche Fährte: Nicht das 1904 mit einer entsprechenden Gedenktafel
versehene Haus Hirtenfeld Nr.24 (= Langegg Nr.93) ist als solches anzusehen, sondern ein nicht mehr bestehendes Haus (vermutlich ein Holzbau) an
Stelle des heutigen Pollhamerhofes (Nr.13).

Abb.2: Hirtenfeld von Norden her gesehen (rechts der Pollhamerhof)

Der Vater des Komponisten, der Hirtenfelder Bauer Andreas Fux, war
vor 1618 geboren und starb 1708. Von seinen Kindern Johannes (Joseph[5])
und Maria (ledig gest. 1701) haben wie gesagt wohl nie Tauf-Matrikelein-
tragungen existiert. Bei ersterem kann aus der Altersangabe "81 Jahre" bei
seinem Tod am 13.Februar 1741 das Geburtsjahr 1660[6] errechnet werden,
im Fall der Schwester ist aus dem Fehlen eines Taufnachweises und wegen
der in der Sterbematrikel fehlenden Altersangabe nur zu erschließen, daß sie
ebenfalls vor 1663 geboren ist. Der Name ihrer Mutter ist unbekannt. Die
Mutter der 1668 bzw. 1672 geborenen Kinder des Andreas Fux, Catharina

---

[5] Der Vorname des Komponisten ist in allen frühen Belegen nur mit *Johann*(es) angegeben; ob
der zweite Name *Joseph*(us) dem seines Taufpaten entspricht oder er ihn sich sogar selbst erst
später zugelegt haben könnte, muß offen bleiben.
[6] Dabei gibt das Datum im Februar nicht allzu viel Spielraum, andernfalls würde man sogar auf
1659 kommen. Wegen der Tatsache, daß Fux Zeit seines Lebens gewisse bäuerliche Züge bei-
behalten hat, scheint u.U. die Annahme nicht allzu abwegig, daß er sein mit 5. Jänner 1732 da-
tiertes Testament an seinem (72.) Geburtstag oder zumindest in zeitlicher Nähe zu diesem verfaßt hat.

(geb. 1668[7]) und Peter (1672-1724), hieß laut Matrikel Ursula und dürfte mit der 1691 erst etwa fünfzigjährig verstorbenen Hirtenfelderin "Ursula Fuxin" identisch sein. Köchel hat sie ohne weiteres als die Mutter aller Kinder des Andreas Fux angesehen, doch ist schon wegen des großen Altersunterschiedes der Eheleute und auch wegen der übrigen Umstände mit großer Wahrscheinlichkeit anzunehmen, daß sie dessen zweite Frau und damit die Stiefmutter unseres Komponisten war. Seine leibliche Mutter könnte bei seiner oder seiner Schwester Geburt gestorben sein, denn diese angenommene zweite Heirat muß ebenfalls noch vor 1663 stattgefunden haben. Damit läßt sich eine Reihe von Dingen plausibel machen: Zunächst müßte Johannes auch als Hoferbe vorgesehen gewesen sein. Als aber mit dem Halbbruder Peter 1672 ein zweiter möglicher Hoferbe geboren wurde, dürfte man begonnen haben, für ihn eine andere Versorgung zu suchen. Die naheliegendste war wie so oft die Vorbereitung auf den Beruf eines Geistlichen und in diesem Fall kam dem Dorfpfarrer traditionellerweise eine große Bedeutung zu. Als solcher war 1664-84 in St.Marein Mag. Johann Anton Chumar tätig. Er stammte aus Stein in Krain (=slow. Kamnik) und war offenbar für einen Landpfarrer außergewöhnlich gebildet; auch besaß er in Graz eine eigene Wohnung. Aus einem anläßlich seines Todes aufgenommenen *Inventarium* wissen wir, daß Fuxens Vater einer der Zechpröbste in der Pfarre war; aus dieser Funktion erwuchsen ihm sehr enge Kontakte zum Pfarrer.[8] Dieser war mit dem berühmten in Graz tätigen italienischen Stukkateur Alessandro Serenio, dem Grazer Stadtpfarr-Organisten Johann Hartmann Peintinger und dem landschaftlichen Weis-Boten Johann Michael v. Carlegg verschwägert sowie mit dem Grazer Stadt-Kantor Joseph Keller zumindest persönlich bekannt. Es ist mit gutem Grund anzunehmen, daß diese Verbindungen auch für Johann Joseph Fux wichtig wurden. Die ersten näheren Kontakte mit dem Pfarrer dürften aufgrund der erwähnten Funktion des Vaters aber dadurch entstanden sein, daß er in jungen Jahren als Ministrant, vielleicht auch als Sängerknabe an der Pfarrkirche tätig war. In jedem Fall hat er seine erste musikalische Ausbildung noch vom Dorf-Schulmeister erhalten. Der Name desselben in den 1670er Jahren ist nicht bekannt (zumindest aber nachgewiesen, daß es wenigstens eine sog. Sonntagsschule hier gegeben hat). In Frage käme allenfalls ein Mitglied der steirischen Lehrer- und Musikerfamilie Kuchler[9] oder auch Bernardin Mon-

---

[7] Daß sie in den Matrikeln von St.Marein später nicht mehr zu finden ist, dürfte besagen, daß sie in eine Nachbarpfarre geheiratet hat.
[8] Sie bestand v.a. in der Verwaltung des Kirchenvermögens (z.T. auch gegenüber dem Pfarrer) und kann als eine Art Vertretung der Gemeinde angesehen werden, setzte also ein Vertrauensverhältnis voraus.
[9] 1689 wurde in St.Marein die *"geweste Schuelmeisterin Maria Kukherin"* begraben; ein Johannes Küchler ist 1594 als Schulmeister und Organist in Seckau, Bonifaz Kuchler 1696 in Admont als Geiger bezeugt (*Steirisches Musiklexikon*, hrsg. W.Suppan, Graz 1962-66, S.315f).

tiano.[10] Laut Pfarrbeschreibung im Pfarrhof St.Marein wurde in der St. Mareiner Kirche 1681 (d.h. unter Pfarrer Chumar und während Andreas Fux Zechpropst war!) durch den Grazer Orgelbauer Johann Lilling (gest. 1691) eine (die erste?) Orgel erbaut: vermutlich ein Positiv, denn die heutige Orgelempore wurde erst im 18.Jahrhundert errichtet. Zu dieser Zeit war Johann Joseph Fux zwar nicht mehr zuhause, doch ist es mehr als wahrscheinlich, daß er an diesem Instrument noch Anteil genommen hat.

Das erste erhaltene Dokument mit Bezug auf J. J. Fux ist seine Erwähnung in der Matrikel der Universität Graz (Hs. 58 der Universitätsbibliothek f.160) unter den Schülern der Grammatikklasse des Jahres 1680: *Joannes Fux Styrus Hirtenfeldensis* (*Johann Fux, Steirer aus Hirtenfeld*).

Abb.3: Graz, Jesuitenuniversität (n. Macher, *Graecium*, 1700)

[10] Er ist 1667 in Bruck a.d. Mur, 1670/72 in Graz und 1684 in St.Marein bezeugt.

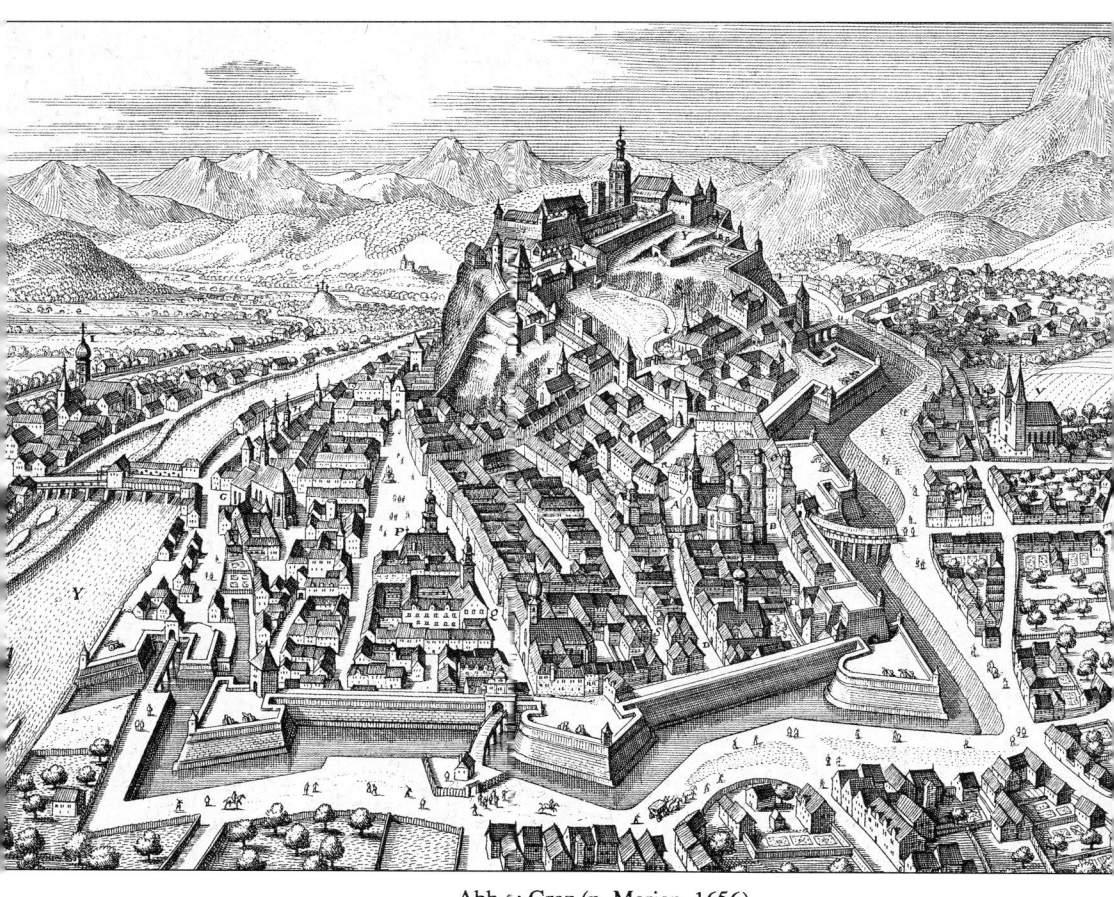

Abb.⌐: Graz (n. Merian, 1656)

Bei der Interpretation muß man sich das damalige Schulsystem vergegenwärtigen, das keineswegs einheitlich und auch weniger starr als das
heutige war; es war primär auf die Ausbildung von Theologen (Geistlichen)
abgestellt. In Graz war es seit den Anfängen im 16.Jh. (da die höheren
Schulen aus einem gewissen Gegensatz zur protestantischen "Stiftsschule"
entstanden) und bis in die Zeit der Aufklärung ganz nach den Prinzipien des
Jesuitenordens, der auch die Universität führte, organisiert. Das bedeutete
normalerweise folgende Laufbahn: sog. deutsche Schule (Pfarrschule, auf
dem Land Sonntagsschule), dann sog. lateinische Schule (eine Art Vor-
schule), gefolgt vom Gymnasium (*studia inferiora*), dem Lyzeum und
schließlich dem eigentlichen Fachstudium in entsprechenden Fakultäten der

14

Universität. Gymnasium,[11] Lyzeum und Universität waren in Graz derart eng miteinander verbunden, daß auch ein gemeinsames Matrikelbuch geführt wurde. Daß nun Fux hier bereits als Grammatist (d.i. die dritte Klasse) geführt wird, muß nicht bedeuten, daß er die Vorstudien anderswo absolviert hat. Vielmehr ist bekannt, daß gerade arme Studenten (für die meist Gönner aufkamen) oft gar nicht oder erst später formell immatrikuliert wurden. Außerdem ist folgendes zu bedenken: An den Jesuitenkollegien war damals die Unterweisung in Orgel, Musiktheorie, einem Streich- oder Blasinstrument nach Wahl und bei Eignung auch im Gesang üblich. Nach der Pfarrschule (in St.Marein oder Graz) und einer allfälligen Vorbereitung (vielleicht an der Grazer Stadtpfarrschule, man denke dabei an Keller und Peintinger als wahrscheinliche Lehrer) dürfte er seit 1678 in Graz die unteren Gymnasialklassen absolviert und während dieser Zeit seine Ausbildung derart vervollkommnet haben, daß er daran denken konnte, sein Fortkommen künftig als Musiker selbst zu bestreiten. Darauf deutet jedenfalls das zweite Dokument, das seine Aufnahme in das Grazer Ferdinandeum, ein der Universität angeschlossenes Internat, zum 22. Februar 1681 belegt und ihn erstmals als Musiker bezeichnet: *Joa*(nnes) *Fux, eade*(m) *die, Gram*(m)*a-t*(ist)*a Musicus: Al*(umnus) *Ferd*(inande)*i, h*(abe)*t lectisternia domus (am gleichen Tag ist eingetreten Johannes Fux, Grammatik-Klasse, Musiker, Alumne am Ferdinandeum, hat sein Bettzeug daheim /* von anderer Hand am Rand später beigefügt: *Profugit clam / er entwich heimlich).*

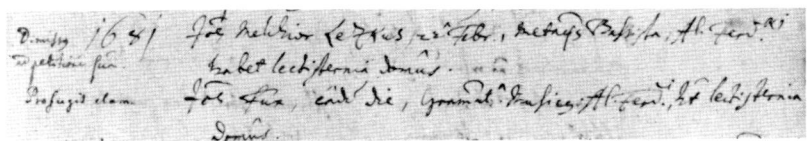

Abb.5: Ferdinandeums-Matrikel Graz Hs.486 f.131v

Alumne dürfte auch damals schon in Österreich einen Priesterstudenten bezeichnet haben. Die Tätigkeit als Musiker (es wird nicht gesagt, in welcher Funktion, was auch bedeuten könnte: "vielseitig verwendbar") sicherte ihm freies Studium, Kost und Quartier, ohne daß dafür ein Mäzen aufkommen mußte (der in solchen Fällen auch oft genannt ist). Dies bedeutete also eine gewisse Selbständigkeit und es wäre leicht vorstellbar, daß er bereits damals aus der ihm von den Eltern, Pfarrer Chumar oder anderen vorgezeichneten Laufbahn eines Land-Geistlichen auszubrechen versuchte - mithilfe der Musik. Dazu passen nicht nur die weiteren von ihm gesetzten

---

11 Dessen Stufenfolge war: *Parva - Principia - Grammatica - Syntaxis - Poesis - Rhetorica*

Schritte, sondern auch der Vermerk, er sei "heimlich entflohen". Über diesen ist zu Unrecht gerätselt worden: er läßt nicht auf ein Vergehen schließen, sondern besagt nur, daß Fux ohne die vorgesehenen formalen Schritte (Zustimmung der Oberen, vielleicht auch ohne Zeugnisse) fortging, und ist in den Matrikeln relativ häufig zu finden, nicht zufällig v.a. bei Musikern, denn diese wurden oft (z.B. von Adelshäusern) regelrecht abgeworben. Dazu muß man auch wissen, daß sich die Ferdinandisten jeweils auf drei Jahre verpflichten mußten. Spätestens zwei Monate vor einer allfälligen Verlängerung aber verließ Fux Graz und ging nach Ingolstadt. An der dortigen Jesuitenuniversität wurde er am 28. Dezember 1683 immatrikuliert: *Joannes Josephus Fux Styrus Hyrtenfeldensis logica studiosus pauper (Johann Joseph Fux aus Hirterfeld in der Steiermark, Student der Logik, arm)*.

Hier wird Fux also erstmals Johann Joseph genannt. Der Weg von einer Jesuitenuniversität an eine andere wäre aber zweifellos nicht so ohne weiteres möglich gewesen, wenn es sich um eine "Flucht" im engeren Wortsinn gehandelt hätte. Der eigentliche Grund dafür dürfte wiederum seinen weiteren Schritten zu entnehmen sein: dem Jus-Studium. Ein solches war damals in Graz aus religiösen Bedenken nicht eingerichtet, neben einem einjährigen Kurs über römisches Recht durch landschaftliche Rechtslehrer (um den notwendigen Beamtenapparat auszubilden) gab es nur das teure Privatkolleg (das für Fux sicher nicht in Frage kam) oder die Abwanderung an eine auswärtige Universität. Diesen Schritt, der kurze Zeit später notwendig geworden, dann aber innerhalb einer zweiten Dreijahresfrist zu liegen gekommen wäre, hat Fux also gerade noch rechtzeitig vollzogen. (Dabei könnte auch die Unterbrechung im Zusammenhang mit dem Türkenkrieg eine Rolle gespielt haben. Fest steht, daß Fux in Ingolstadt dann ebenso ordnungsgemäß studiert hat wie in Graz: Zunächst zwei Jahre Lyzeum,[12] gefolgt vom eigentlichen Jus-Studium. In den Ingolstädter Ratsprotokollen und in Kirchenrechnungen der Jahre 1685-88 wird er mehrmals als Student bezeichnet. Damit ergibt sich im Rückblick folgende Studien-Chronologie, die vollkommen geschlossen ist und dem üblichen Studiengang entspricht:

Graz	c.1677/78 Vorstudien
	1678/79-1679/80 untere Gymnasialklassen
	1680/81-1682/83 obere Gymnasialklassen
Ingolstadt	1683/84-1684/85 Lyzeum
	1685/86-1686/87 Jus-Studium

[12] beginnend mit der Logik als erster Stufe der Philosophie

Musik- und Jus-Studium darf man dabei noch nicht als einander konkurrierend ansehen: Wenn auch nicht behauptet werden soll, er hätte sich bereits in den Kopf gesetzt, kaiserlicher Hofkapellmeister werden zu wollen und deshalb neben der Musik auch Jus studiert, ist aus einigen anderen Musiker-Biographien (z.B. Telemann) zu ersehen, daß man eine höhere Ausbildung für eine entsprechende Stellung als förderlich betrachtete. Fux scheint das Jus-Studium allerdings entweder nicht mehr abgeschlossen zu haben oder man hat ihm aufgrund eines damals bestehenden kurfürstlichen Erlasses einen akademischen Grad deshalb vorenthalten, weil er ein armer Bauernsohn war. Immerhin erscheint aber die von mehreren Autoren bewunderte Art von Fuxens späterer Amtsführung als Leiter der Wiener Hofkapelle in neuem Licht.

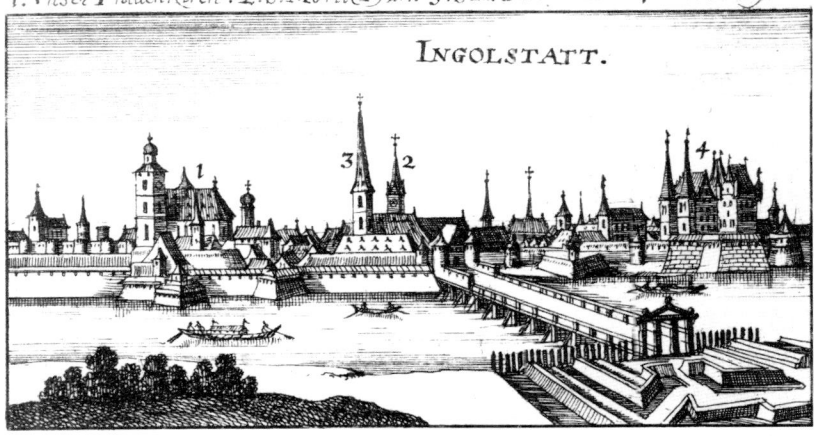

Abb.6: Ingolstadt (n. *Der getreue Reiß-Gefert*, 1686)

Daß er am 20. August 1685 als Organist an St.Moritz in Ingolstadt aufgenommen wurde, muß wiederum als eine Art Brotberuf angesehen werden. Aus der Annahme, daß man an dieser großen, den Universitätskreisen nahestehenden Pfarre mit einer bedeutsamen Orgelkultur[13] aus einer großen Zahl von guten Bewerbern wählen konnte, ist aber bereits auf eine gewisse Meisterschaft Fuxens auf diesem Instrument zu schließen, und auf dieser Basis mag sich auch sein endgültiger Wandel zum nur-Musiker vollzogen haben. Die Anstellung als Kirchenmusiker enthielt üblicherweise auch die Verpflichtung, ausreichend für geeignete Musikalien zu sorgen und, falls nötig,

13 Rudolf Quoika, Barocke Kirchenmusik in Ingolstadt. In: *Kirchenmusikal. Jahrbuch* 49 (1965) S.125.

17

den Gegebenheiten und Bedürfnissen angepaßte Stücke selbst zu komponieren.

Die Chronologie der erhaltenen Werke von J. J. Fux gehört zu den noch weitgehend offenen Fragen. Lange Zeit schien alles dafür zu sprechen, daß Fux erst spät (nämlich seit den späteren 1690er Jahren) auch als Komponist hervorgetreten sei. Man hat sogar mehrfach Parallelen zu Bruckner gezogen. Auch dies ist zu revidieren: Ein Musikalienverzeichnis von St.Moritz in Ingolstadt aus dem Jahre 1710 enthält von Fux: ein deutsches Begräbnislied (*O pein, o rueth* à 6, eine Gattung, zu der er später nie mehr zurückgekehrt ist) und drei vielstimmig besetzte lateinische Motetten (*Quis est hic* à 10, *Sancti dei* à 12, *Accurrite populi* à 9). Daß Fux selbst diese Kompositionen später nicht mehr in Umlauf gesetzt hat, kann als Indiz dafür gewertet werden, daß er sie (auch dafür gibt es zahlreiche Parallelen) als Jugend- oder Lehrstücke abgetan hat. Immerhin ist auf diese Weise nun auch Fuxens Werdegang als Komponist nicht nur klarer vorstellbar, sondern belegbar: nämlich beginnend mit kleineren Kirchenstücken zwischen 1683 und 1688.[14] Man sollte nun aber nicht in ein anderes Klischee verfallen: aus dem Jus-Studenten sei ein Musiker geworden, weil sich seine musikalische Begabung trotz aller Schwierigkeiten schlußendlich durchgesetzt habe. Festhalten sollte man vielmehr seine Zielstrebigkeit, ja Hartnäckigkeit, die Fux vom Bauernbuben bis zum Hofmusiker empor geführt hat. Seinen vertrauten Umgang mit Kaisern hat er später mit berechtigtem Stolz betont und man dürfte ihn auch hinter jenem "Selbstzeugnis" in den *Gradus* vermuten, die man gelegentlich allzu wörtlich genommen und biographisch gedeutet hat: "*So bald ich nur den geringsten Gebrauch meiner Vernunft erlanget, habe ich recht vor Begierde gebrennet, und alle meine Sinnen und Gedancken auf die Musik geworffen, bin auch itzo noch recht vor Begierde solche zu erlernen angeflammt: ja ich werde recht wider meinen Willen so zu sagen hingerissen, so daß mir die Musik Tag und Nacht in den Ohren klinget, daß ich also an der Wahrheit meines innerlichen Berufs gar nicht zweifle.*"[15]

Keine Frage ist schließlich, daß in dem Ingolstädter Repertoire auch seine ersten konkreten Vorbilder zu suchen sind, an denen er sich selbst als Komponist schulte. Die Liste ist zunächst durch einen hohen Anteil an sogenannten Klosterkomponisten und komponierenden Geistlichen gekennzeichnet; sodann ragen sowohl bei den Messen als auch bei den Motetten und Sonaten die Namen Biber und Kerll hervor; die Italiener sind nur rela-

---

14 Die näheren Bezeichnungen derselben lassen sogar eine nähere Datierung zu: Dem Namen Sign(or) *Joann*(es) *Joseph*(us) *Fux* ist zweimal J(uris) V(triusque) *studiosus*, einmal J(uris) V(triusque) Stu(diosus) *orga*(nista) und einmal nur *organista* beigefügt, was eben den Jahren 1683-85, 1685-87 und 1688 entspricht.
15 Alle Zitate aus den *Gradus ad Parnassum* (s.u.) werden in diesem Buch nach der deutschen Übersetzung von Lorenz Mizler (Leipzig 1742) ohne Seitenangabe gebracht.

tiv spärlich vertreten (Valentini, Bassani, Carissimi, Torelli, Zamponi u.a.), in der Instrumentalmusik fällt Schmelzer auf. Wenn man auch noch die Vertreter der engeren Umgebung (Bayern und Schwaben) sowie diejenigen beiseite läßt, von denen heute nichts weiter mehr bekannt ist und die daher zum "Schwarm der Kleinmeister um die Fixsterne" zu zählen sind, bleiben neben den Italienern nur die Hauptvertreter des österreichischen Mittelbarock. Und darunter finden sich mit Kerll und Schmelzer auch die Namen derjenigen, die seit jeher als mögliche persönliche Lehrer Fuxens in Betracht gezogen wurden. Wie dieses Repertoire in seiner Eigentümlichkeit zustandekam, ist leider unbekannt. Es wäre aber gut denkbar, daß die Schwerpunkte Wien und Italien z.T. bereits auf Fux selbst zurückgehen, denn es ist keine Frage, daß er das Grundwissen für eine entsprechende Einschätzung möglicher Vorbilder schon aus Graz mitgebracht hatte.

Abb.7: Wien vor dem Burgtor (Stich von J.A.Delsenbach, 1719)

Der Weg nach Wien

Für die erste Zeit nach Ingolstadt ist man mangels jeglicher Dokumente wiederum auf Kombinationen angewiesen. Aus stilistischen Gründen ist mehrfach ein Italien-Aufenthalt vermutet worden, wobei offen gelassen werden mußte, wann und unter welchen Umständen er stattgefunden haben könnte. Immerhin könnte sein späterer Rat an Ignaz Holzbauer (1711-83), daß er zur weiteren Ausbildung nach Italien gehen solle, auf eigene Erfahrungen bezogen werden. Die Zeitspanne, die dafür in Frage käme, läßt sich folgendermaßen eingrenzen: Fux verließ Ingolstadt spätestens zu Beginn des Jahres 1689, da Johann Michael Jobst sein Amt als Organist an St.Moritz antrat. Das nächste sichere Dokument, nämlich die Verkündigung seiner Heirat mit einer Wienerin, bezeichnet ihn 1696 als Organisten im Schottenkloster. Einige Autoren vermuteten, diese Stellung sei von vornherein nur als Übergangslösung gedacht gewesen. Diese Annahme ist nach heutiger Sicht nicht mehr zwingend.

Abb.8: Wiener Schottenkloster (n. Salomon Kleiner, um 1724)

Da er sicher nicht bereits nach wenigen Wochen oder Monaten eine junge Frau aus gutem Bürgerhause bekommen hätte, muß Fux schon vorher einige Zeit ständig oder vorübergehend in Wien verbracht haben. Dadurch ergibt sich als offene Zeitspanne kaum mehr als ein halbes Jahrzehnt. Ein-

zige, äußerst behutsam zu behandelnde Quellen, welche diese etwas zu be-
leuchten imstande sein könnten, sind zunächst zwei Anekdoten, die beide
mit der Überschrift "Vorurteil" versehen sind und u. U. sogar als zwei verschiedene Einkleidungen ein und derselben Begebenheit angesehen werden
können. Die erste ist 1739 bei Scheibe[16] zu finden, also noch zu Fuxens
Lebzeiten erschienen und wird schon deshalb kaum völlig aus der Luft ge-
griffen sein, ist umfangreicher, aber reichlich mythologisch eingekleidet.
Trotzdem war sie wohl nicht nur Eingeweihten wenigstens so weit verständlich, daß Fuxens Karriere am Kaiserhof in Wien unter etwas ungewöhnlichen Umständen begonnen hat. Im übrigen liegt das Vorurteil in der
Überheblichkeit der Hofleute gegenüber einem Bauern begründet. Die wesentlich kürzere und klarere Version überliefert 1798 Daube:[17] Der Kaiser
habe Fux in Diensten eines ungarischen Bischofs kennengelernt. Eine
Messe von ihm, die er in Wien aufführen ließ, sei aber von den italienischen
Musikern absichtlich schlecht aufgeführt worden. Daraufhin habe der Kaiser eine weitere Messe von Fux als Werk eines anonymen Italieners ausge-
geben, die daraufhin sehr gefallen habe. Erst dann habe er das Geheimnis
gelüftet und den Komponisten in Dienst genommen - zum "großen Verdruß" der italienischen Partei (das Vorurteil ist also anders begründet). Die
für die Interpretation dieser Geschichte wichtige Bestellung Fuxens zum
kaiserlichen Hofcompositor ist genau belegt: sie erfolgte im April 1698
rückwirkend zum Beginn dieses Jahres auf alleinige Entscheidung des Kaisers hin (weil er ihn "als einen guetten Virtuoso" kenne und "auss gewissen
Ursachen", d.h. aus ganz bestimmten Gründen). Der Kern der geschilderten
Vorgänge muß sich also bereits früher abgespielt haben. Eine der Messen,
die der Kaiser genau kannte, dürfte jedenfalls die *Missa SSmae Trinitatis*
gewesen sein, da sie Leopold I. gewidmet ist. Diese Widmung ist nicht nur
in barockem höfischem Stil sondern in bestem, die jesuitische Ausbildung
erkennen lassendem Latein abgefaßt.

Übersetzung: Erhabenster Kaiser! Indem ich Dir, erhabenster Kaiser, als einem
zweiten Orpheus dieses rohe Werk meines Plectrums widme, könnte ich allzu verwe-
gen erscheinen, wenn mich nicht viele und notwendige Gründe dazu gezwungen
hätten. Wenn nämlich der Acker Frucht bringt für seinen Herrn, soll dann nicht
auch ich, da ich ein Teil (noch dazu ein kleiner) von Deinem Land bin, nämlich aus
der Mutter Steiermark stamme, die Erstlinge meiner Arbeit als schuldige Ehrengabe
Dir widmen, auch wenn sie noch nicht ausgereift sind? Ich kann jedenfalls nicht so
unverschämt gegen meinen höchsten Herrn sein, daß ich Dir nicht, was nach dem Recht
von Natur und Herkunft Dir zusteht, als treuer Vasall von selbst und ohne Verzug meinem Für-

[16] Johann Adolph Scheibe, *Der critische Musicus* (Hamburg ²1745) S.549.
[17] Johann Friedrich Daube, *Anleitung zum Selbstunterricht in der musikalischen Komposition* II
(Wien 1798) S.274.

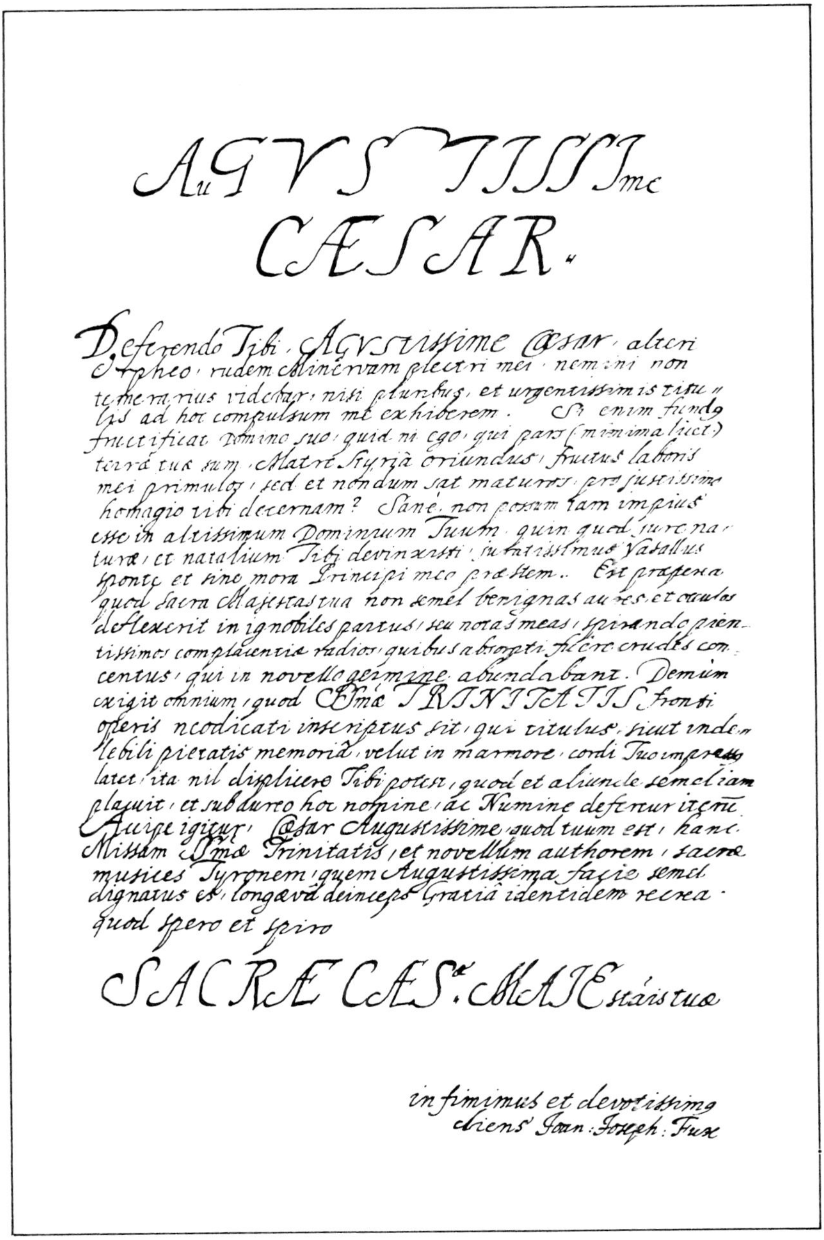

AVGVSTISSₘₑ

CÆSAR.

Deferendo Tibi, AVGVSTISSIME CÆSAR, alteri Orpheo, rudem chelin eum plectri mei, nemini non temerarius videbar, nisi pluribus, et urgentissimis titulis ad hoc compulsum me exhiberem. Si enim fundo fructificat Domino suo, quid ni ego, qui pars (minima licet) terræ tuæ sum, Matre Styria oriundus, fructus laboris mei primulos, sed et nondum sat maturos, prælusissimo homagio tibi decernam? Sané, non possum tam impius esse in altissimum Dominium Tuum, quin quod jure naturæ, et natalium Tibi devinxisti, subactissimus Vasallus sponte, et sine mora Principi meo præstem. Et præterea quod sacra Majestas tua non semel benignas aures, et oculos deflexerit in ignobiles partus, seu notas meas, spirando prætissimos complacentiæ radios, quibus abortiva filere crudeles concentus, qui in novello germine abundabant. Demum exigit omnium, quod Divæ TRINITATIS fronti operis nodicati inscriptus sit, qui titulus, sicut indelebili pietatis memoriâ, velut in marmore cordi Tuo impressus later, ita nil displicere Tibi potes, quod et aliunde semel iam placuit, et subditto hoc nomine, ac Numine defertur iterum. Surge igitur, Cæsar Augustissime, quod tuum est, hanc Missam Divæ Trinitatis, et novellum authorem, sacræ musices Syrenem, quem Augustissima facie semel dignatus es, longavâ deinceps Gratiâ identidem recrea. quod spero et spiro

SACRÆ CÆSₜ MAJEstatis tuæ

infimimus et devotissimus
cliens Joan: Joseph: Fux

Abb.9: Autographe Widmung der Trinitatismesse

23

sten leiste. Dazu kommt noch, daß Deine Heilige Majestät nicht erst einmal seine gütigen Ohren und Augen auf meine unedlen Sprößlinge, nämlich meine Noten gerichtet hat, daß Du auf sie die Strahlen des Wohlgefallens gesandt hast, von denen die unharmonischen Töne, deren es in den jüngsten Erzeugnissen doch viele gab, aufgesogen wurden. Schließlich ist es der Wunsch vieler, daß an die Spitze des neugewidmeten Werkes "der allerheiligsten Dreifaltigkeit" geschrieben sein soll, ein Titel, der im unauslöschlichen Gedächtnis der Frömmigkeit, wie in Marmor gemeißelt, in Deinem Herzen verwahrt liegt. So kann es Dir nicht mißfallen, daß dieses Werk schon einmal anderswo Gefallen gefunden hat und unter diesem goldenen Namen der göttlichen Majestät Dir zum zweitenmal dargebracht wird. Nimm also an, erhabenster Kaiser, was Dein ist, diese Messe der heiligsten Dreifaltigkeit und den jungen Komponisten, ein Neuling in der Kirchenmusik, den Du schon einmal des erhabensten Blickes gewürdigt hast, un erfrische ihn immer wieder mit lebenslanger Gunst. Dies hoffe und atme ich, Deiner heiligsten kaiserlichen Majestät geringster und ergebenster Untertan

Johann Joseph Fux.

Da diese Messe noch immer im dortigen Musikarchiv (heute: Minoritenkloster) liegt und sonst nirgends überliefert ist, dürfte die Annahme, sie sei zur Grundsteinlegung der Wiener Trinitarierkirche 1695 aufgeführt worden, große Wahrscheinlichkei besitzen.

Abb.10: Trinitarier- (=Weißspanier-, heute Minoriten-)kirche in der Wiener Alserstraße, Stich von J.A.Corvinus nach einer Zeichnung Salomon Kleiners (um 1724).

Ausgangspunkte dafür, diese Messe biographisch noch weiter auszuwerten, sind zudem folgende Punkte: Fuxens Hinweis in der Widmung, daß sie 1. der Kaiser bereits vorher einmal gehört habe und 2. erst jetzt und nach Anregung von Freunden die Bezeichnung *SSmae Trinitatis* erhalten habe, 3. das auch auf dem Titelblatt angegebene *subjectum sol-do-mi-re-do*, ein Dreiklangsthema, das der Komposition zugrundeliegt, aber auch als *Ma-ri-a* dechiffriert werden könnte: M A   R   I   A

4. der hier ebenfalls genannte Franz Ginter war Kammersänger Leopolds I. und könnte als eine Art Mittelsmann angesehen werden. Und alle diese Momente kann man unmittelbar mit dem Inhalt der erwähnten Anekdote in Zusammenhang bringen.

Bei dem "ungarischen Bischof"[18] denkt man an Leopold Karl v. Kollonitsch (1631-1707), der, von Ferdinand III. gefördert, von Jugend auf mit Kaiser Leopold I. bekannt war und mehrfach mit Verwaltungsagenden in und für Ungarn betraut wurde (wobei er deutsche Beamte bevorzugte); er war 1679-85 Bischof von Wiener Neustadt, 1685-88 von Raab, 1688-95 von Kalocsa und schließlich Erzbischof von Gran. Er war ein besonderer Freund der Jesuiten, seit 1686 Kardinal und zweimal zur Papstwahl längere Zeit in Rom, Inhaber der Kommenden Mailberg und Eger, lebte die meiste Zeit im Mailberger Hof (Annagasse) in Wien und wurde 1692 Direktor der Hofkammer. Die Annahme, Fux sei zwischen 1688/89 und etwa 1694/95 nur in seinen Diensten gestanden, würde sich weitgehend mit dessen Zeit als Bischof von Kalocsa[19] decken und hätte auch sonst einiges für sich,[20] ja würde sogar die besagten Italien-Kontakte erklären können: Das Konklave von 1689, zu dem Fux gemeinsam mit Kollonitsch gereist sein könnte und das sich lange hinzog, erkor schließlich Kardinal Pietro Ottoboni, an dessen Musenhof Arcangelo Corelli und Bernardo Pasquini und an dessen Titularkirche Ottavio Pitoni tätig waren.[21] Mit diesen Musikern wären Fuxens musikalische Italien-Kontakte ohne weiteres abdeckbar. Aber sogar das besagte Treffen könnte hypothetisch greifbar werden, wenn man das *subjectum* der sog. Trinitatis-Messe mit einem Patrozinium "Trinitatis und Maria" (ein solches ist sowohl in der Wiener Hofburgkapelle als auch im Wiener Neustädter Neukloster gegeben) sowie mit der Tatsache in Zusammenhang

---

18 Er ist zwar nur von Daube als solcher bezeichnet, jedoch im Vorspann zur eigentlichen Geschichte *"des ehemaligen weltberühmten Kaiserlichen Kapellmeisters Fuchs"*, daher kann man die Aussage wörtlich nehmen.
19 Als solcher spendete er für die neue Jesuitenkirche in Belgrad eine Orgel und suchte er einen Organisten.
20 Es wäre sogar möglich, daß Fux Kollonitsch in Graz kennenlernte: dieser war vielleicht auch Inhaber der Kommende Fürstenfeld und weihte in Graz mehrfach Priester.
21 Mit Corelli gibt es ein verwechseltes Werk, Pasquini wird als einer der wichtigsten Vermittler des Palestrina-Stils nach Wien angesehen, Pitoni war ebenfalls Autor eines theoretischen Werks und wurde als ein *"Palestrina des 18. Jahrhunderts"* bezeichnet.

bringt, daß Kollonitsch in Wiener Neustadt mehrere marianischen Stiftungen gemacht hatte und er alljährlich den Herbst hier zu verbringen pflegte; schließlich wenn man bedenkt, daß Leopold I. nach dem bekannten Reisekalender seine letzte größere Jagd-Reise 1693 nach Ebreichsdorf unternahm und in diesem Zusammenhang im Oktober auch nach Wiener Neustadt kam.

In jedem Fall ist diese Messe als das Bindeglied zu den ersten Kirchenkompositionen anzusehen; ihre zweichörige Anlage konnte gut als Hinweis auf "italienische" Herkunft angesehen werden. In diesem Fall würde die persönliche Bekanntschaft zwischen Fux und dem Kaiser aus dem Jahre 1693 datieren. Ab diesem Moment hätte dieser auf den wenigstens zeitweilig in Wien lebenden Musiker mit Wohlwollen blicken können. Nähere Kontakte zu Hofmusikern verstünden sich geradezu von selbst. Daß Fux aber auch persönliche Beziehungen zu gewissen Wiener bürgerlichen Kreisen schon längere Zeit gehabt haben muß, ist sowohl der Familie seiner Braut[22] als auch der Liste der Trauzeugen[23] zu entnehmen. Da Fux damals im Schottenstift wohnte, wurde das Aufgebot an dieser Kirche verkündet, Bräutigam und Braut boten je zwei Zeugen auf:

[22] Der Vater war höherer Beamter gewesen, der Bruder Paul Anton Schnitzenbaum (1675-1740) wurde Hofkammer-Concipist, war also in dem Amt tätig, dem Kollonitsch seit 1692 vorstand. Beide Schwägerinnen wurden später Kammerdienerinnen bei Hof.
[23] alle relativ hochgestellte und vermögende Persönlichkeiten

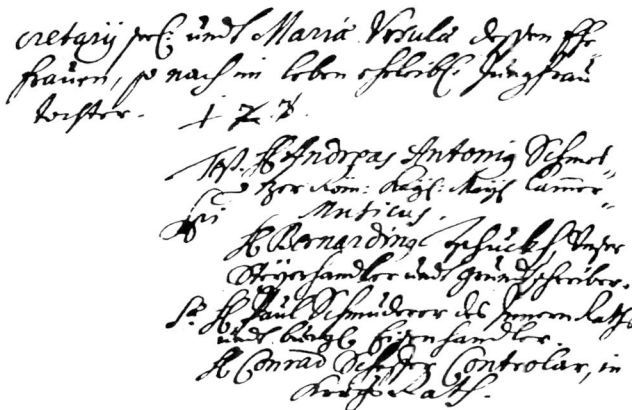

Abb.11: Verkündigung von Fuxens Hochzeit in der Trauungsmatrikel der Wiener Schottenkirche (Tom.16, f.38 sub 4.Juni 1696): *Der Edlvest undt Kunstreiche Herr Johann Joseph Fux, dessen Gottshauß wohlbestelter Organist, wohnhafft in Schottenhoff, gebührtig in Steyermarck, nimbt zu d(er) Ehe die Edl Ehrn- undt Tugentreiche Jungfraw Juliana(m) Clara(m) Schnitzenbaumin, gebührtig allhir, auch in Schott wohnhafft in den Winklerischen Hauß, auff den alten Fleischmarck, weyl des Wohledl undt gestrengen Herr Johann Joseph Schnitzenbaum, N: O: Regierungs-Secretarij seel: undt Maria Vrsula dessen Ehefrauen, so noch im Leben eheleibl. Jungfraw tochter. 1 2 3.[24] Test(es) Sp(ons)i H Andreas Antoni(u)s Schmeltzer Röm: Kayl: May: Cam(m)er-Musicus[25] / H Bernardin(u)s Tschuckh, Vnser Steyrhandler vnd grundtschreiber[26] / Sp(ons)ae H Paul Schmuderer des Innern Raths vndt bürgl. Eisenhandler.[27] H Conrad Scheffer Controlar, in KriegsRath.*

Die Trauung fand an St.Stephan, der Pfarre der Braut statt. Die Protokollierung zum 5. Juni 1696 in der dortigen Trauungsmatrikel (Tom.33 f.85) lautet: *Der Edle Vndt Kunstreiche H: Johan Joseph Fux Organist bein Schotten Zu Hirtenfeldt in Steüermarkh gebürtig mit d(er) Edlen Ehr vndt tugentsamen Jungf: Clara Juliana Schnitzenbaumin, weyl: H: Johan Joseph Schnitzenbaum gwesten N: O: Regierungs Secretatij Vndt Maria Vrsula seiner Haußfraun Ehl: dochter. Testes H: antoni Schmeltzer. H: Bernardin Tschukh. H: Paul Schmudterer. H. Conrad Scheffer. Test(es) tax(ati sunt) à Scotensib(u)s.*

[24] die Verkündigung erfolgte wie üblich dreimal
[25] Sohn des ehemaligen Hofkapellmeisters Johann Heinrich Schmelzer (c.1620-1680) und Besitzer des Hauses "*zum Drachen*" in der Singerstraße
[26] also ein Beamter bei den Schotten
[27] ebenfalls Besitzer eines Hauses in der Singerstraße

Eine gewisse Bedeutung könnte schließlich die Tatsache besitzen, daß Fux selbst später verschiedene Daten angibt, ab denen er für das Haus Habsburg tätig gewesen sei. Man sah dies früher als die üblichen Ungenauigkeiten oder Übertreibungen eines Musikers oder als Erinnerungslücken an; die Daten scheinen aber die eben gemachten Annahmen in folgender Weise zu bestätigen: Wenn Fux 1721 in einer Eingabe schreibt, er habe die Gnade, dem Erzhaus bereits *in das sechsundzweinzigste Jahr zu dienen*, ergibt sich ebenso wie aus den *triginta annorum* in der *Praefatio* der *Gradus* (1725) nicht das Jahr 1698 (Beginn der offiziellen Hofstellung), sondern 1695 (vermutliche Widmung der Trinitatis-Messe). Daß er sich aber dem Kaiser bereits seit 1693 (dem angenommenen Datum des ersten Zusammentreffens in Wiener Neustadt) enger verbunden fühlte, könnten zwei Eingaben aus dem Jahre 1723 zeigen, in denen er das einemal von *in das vierzigste Jahr leistenden alleunterthänigst treugehorsamsten Diensten* für das durchleuchtigste Erzhaus spricht, das anderemal von *in die 40 Jahr lang*. Diese scheinbaren Widersprüche in Fuxens Angaben könnten also auch durch verschiedene Bezugspunkte zustandekommen.

Abb.12: Kaiser Leopold I.

Abb.13: Der junge Joseph I.

28

Der Hofmusiker

Es ist in der erwähnten Legende angedeutet, aber auch aktenkundig, und es wurde von der Umgebung mißbilligend vermerkt, daß es Kaiser Leopolds I. persönliche Entscheidung war, Fux zum Hofcomponisten zu ernennen. Diese fiel im April 1698 rückwirkend zum Beginn des Jahres. In diesem Zusammenhang ist es nicht uninteressant, daß nach einer Tagebuch-Eintragung von P.Ignaz Lovina, einem der Erzieher Erzherzog Karls (des späteren Kaisers Karl VI.), dieser seinem älteren Bruder Joseph (dem späteren Kaiser Joseph I.) und Joseph v. Lothringen zum Namenstag am 19. März 1698 trotz Hoftrauer eine Instrumentalmusik von Fux hatte vorführen lassen, die dreiviertel Stunden gedauert habe. Fuxens Aufgabenbereiche waren offenbar die Kirchen- und Kammermusik. In beiden Bereichen hatte er sich bisher ausgewiesen, auch haben ab diesem Zeitpunkt wohl nicht zufällig der Kapellmeister Antonio Draghi nur mehr sehr wenig und der Vice-Kapellmeister Antonio Pancotti gar nichts mehr in dieser Richtung komponiert. Fux hingegen scheint die Erwartungen auch weiterhin erfüllt zu haben, da sein Ansuchen vom 27. Jänner 1701 um Gehaltserhöhung und Gleichstellung mit den anderen Hof-Compositoren[28] positiv erledigt wurde.

Im übrigen gehörte der musikalische Kirchendienst zu den ursprünglichsten Aufgaben der Hofkapelle. Daß der Komponist Fux zuerst als Kirchenkomponist faßbar wurde, entspricht dem damals Üblichen. Auch der Hofkomponist wird die Aufgabe gehabt haben, die Gottesdienste bei Hofe (vornehmlich an Sonn- und Feiertagen, aber auch sonst) mit geeigneter Musik zu versehen.[29] Des weiteren erleichterte die österreichische Tradition, zwischen Kirchen- und Kammersonate nicht allzu streng zu unterscheiden, daß ein Kirchenkomponist auch mit den Grundzügen der Instrumentalmusik vertraut war. Auch wundert es nicht, daß die ersten gedruckten Kompositionen eben dieser Kategorie angehören (vielmehr wäre der Druck von Kirchenmusik zu dieser Zeit ungewöhnlich): Die Sammlung *Concentus musico-instrumentalis* von 1701 ist ebenfalls dem ältesten Sohn des Kaisers, dem römisch-deutschen König Joseph gewidmet. Sie enthält 7 Partiten unterschiedlicher Besetzungen. Neben der schon erwähnten Huldigungsmusik von 1698 könnte sich darunter auch Musik befinden, die zur Hochzeit des Widmungsträgers mit Prinzessin Wilhelmine Amalie v. Braunschweig-

---

[28] Carlo Agostino Badia, Franz Daniel Thalmann, Giovanni Bononcini
[29] Normalerweise besuchte der Kaiser täglich die Hl.Messe, im eigenen Oratorium (d.i. Gebetsraum mit Blick auf den Altar) der Hofkirche zu St.Augustin, in der Hofburgkapelle, an einer Wiener Stationskirche oder an seinem jeweiligen Aufenthaltsort.

Lüneburg im Februar 1699 geschrieben und aufgeführt wurde. Nicht nur in diesem Fall wäre sie gewissermaßen als musikalisches Gegenstück zur Triumphpforte Fischer v. Erlachs zu demselben Anlaß anzusprechen. Und selbst wenn es nur bei dieser Sammlung geblieben wäre, hätte man Fuxens einseitige Beurteilung als "bloßen Kirchenmusiker" zu revidieren.

Abb.14: Triumphpforte Fischer von Erlachs zur Hochzeit Josephs I. (1699)
nach der *Historischen Architektur* (1721) S.102

Die Anlässe für Instrumentalmusik bei Hofe sind naturgemäß recht zahlreich: sie reichen vom offiziellen (Kirchensonaten, Ouverturen und Einlagen zu Opern usw.) bis in den privaten Bereich (Serenate,[30] Klavier- und Tanzmusik etc.). In jedem Fall hat man sich den Kontakt mit den Auftraggebern nicht nur so wie den der anderen Künstler (Maler, Architekten, Bildhauer) vorzustellen; er ist naturgemäß enger und kann bis zum gemein-

[30] höfische vokal-instrumentale nicht-szenische Huldigungs- und Festmusiken

samen Musizieren gehen. Wie die erwähnten Beispiele zeigen, ist er offenbar im Falle Fux zumindest zum jungen Prinzen Karl ziemlich eng gewesen.[31] Immerhin wird er sich später mit einigem Recht den persönlichen Umgang mit dem Kaiser und seiner Familie zugutegehalten haben.

Schließlich hat er sich innerhalb kürzester Zeit auch noch in der dritten Kompositionssparte[32] hervorgetan: Am 16. Februar 1700 wurde in einer Akademie für den Kaiser durch die Pagen *Il fato monarchico*, eine einaktige *festa teatrale* von ihm aufgeführt, und möglicherweise vermittelte der Kaiser selbst, daß er die Musik zu dem lateinischen Huldigungsstück "*Neo-Exoriens Phosphorus*" schrieb, das anläßlich der Amtseinführung des neugewählten Abtes von Melk, Berthold Dietmayr, am 29. Juni 1701 von Melker Sängerknaben und Studenten sowie Wiener Kräften "*auff offener Schau-Bühne*" dort gegeben wurde. Beide Kompositionen sind nicht erhalten, doch ist immerhin so viel ersichtlich: Wiederum ging Fux sehr behutsam ans Werk und begann mit kleineren Formen; daß er dann relativ rasch zur Festoper vorstieß, aber erst spät zum großen Oratorium, dürfte lediglich mit den Bedürfnissen der Auftraggeber zu tun haben. Die Tatsache, daß Fux erst jetzt, im Alter von vierzig Jahren (wobei nur wir Nachgeborenen wissen, daß er damals erst in der Mitte seines Lebens stand) dazu kam, hat ebenfalls mit dieser Entwicklung (die durchaus ein Aufstieg war) zu tun; und diese wiederum wäre unmöglich gewesen, hätte er sich dies alles erst als "Spätberufener" erarbeiten müssen. Vielmehr haben wir auf allen Gebieten, v.a. aus der Frühzeit, mit Überlieferungs-Lücken zu rechnen.

Die musikalisch-theatralischen Formen bei Hofe sind mit dem modernen Begriff "Oper" nur undeutlich umschrieben: sie umfassen ebenfalls sowohl den geistlichen und weltlichen Bereich als auch den familiären ebenso wie den (nicht minder höfisch bestimmten) öffentlichen, reichen von nicht-szenischen Sepolcri[33] und Oratorien verschiedenen Umfangs über möglicherweise auch szenische Serenaden und Akademien[34] bis zu den einaktigen *Poemetti drammatici*, von *Componimenti* und den ein- oder dreiaktigen *Feste teatrali* bis schließlich zum drei- oder fünfaktigen *Drama per musica*. Dem entsprechend bestand das Publikum nur in der kaiserlichen Familie, dazu dem Hofstaat, dem Adel und schließlich auch geladenen Gästen, niemals aber zahlendem Volk. Bevorzugte Aufführungsorte für Opern waren je

---

31 Wenigstens bis zu dessen Abgang nach Spanien im Herbst 1703, möglicherweise war er auch so etwas wie sein zweiter Musiklehrer (in dieser Funktion für Joseph und Karl belegt ist F. T. Richter 1692).
32 Seit Marco Scacchis *Breve discorso* (1649) unterschied man allgemein die drei Funktions- und Stilkategorien *Kirche - Kammer - Theater*.
33 Musiken am Hl. Grab während der Karwoche.
34 ebenfalls eine Gattung typisch höfischer Musik, der Name ist von den antiken Gelehrten-Vereinigungen abgeleitet; von hier wurde er später auch auf bürgerliche Musikveranstaltungen übertragen

nach Saison[35] die Hofburg, das Hoftheater und die 1687 vom Theatral-Ingenieur Ludovico Burnacini (1636-1707) wiederaufgebaute kaiserliche Sommerresidenz Favorita.

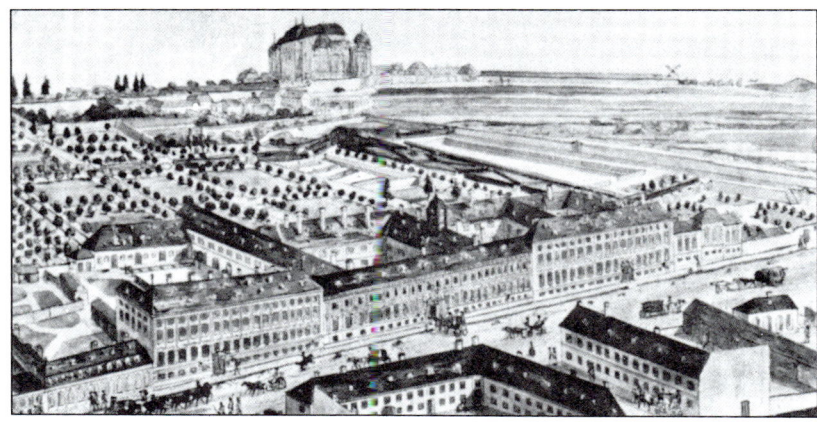

Abb.15: Favorita in der Wieden in einer Darstellung des 18.Jh.s (nach Groner, *Wien wie es war*). Das Schloß wurde anläßlich der Türkenbelagerung 1683 aus Sicherheitsgründen niedergebrannt und später unter Verwendung des alten Grundrisses wieder aufgebaut. Die Kaiser Leopold I., Joseph I. und Karl VI. verbrachten hier jeweils den größten Teil des Sommers. Maria Theresia verlegte ihre Sommerresidenz nach Schönbrunn, 1749 zog hier die Maria-Theresianische Ritterakademie ein.

Neben seinen Tätigkeiten für den Hof war Fux bis 1702 auch noch Organist bei den Schotten geblieben. Erst im August dieses Jahres ersuchte er um eine weitere Gehaltserhöhung von 400 fl., die er durch Quittierung dieses Dienstes (um dem Kaiser "besser dienen zu können") verloren habe, - mit Erfolg; ab nun war er nur mehr Hofmusiker. Offenbar ist auch dieses Datum insofern kein Zufall, als er zum Geburtstag der Königin (21. April) ein *Drama per musica* (*Offendere per amare ossia la Telesilla* nach einem Text von Donato Cupeda, nicht erhalten) geliefert hatte und zum Namenstag des Kaisers (15. November) desselben Jahres sollte die Komposition des *Poemetto drammatico* von Pietro Antonio Bernardoni *La Clemenza di Augusto* folgen. Nun galt er offenbar endgültig als anerkannter Komponist.

Daß Fux schon drei Jahre nach Eheschließung das ebenso alte Töchter-

---

[35] Leopold I. und seine Söhne wechselten mit großer Regelmäßigkeit ihre Residenzen; da theatralische Festlichkeiten v.a. zu den Geburts- und Namensfesten des Herrscherpaares abgehalten wurden, fielen sie meist in die Zeit des Aufenthaltes des Hofes in der Favorita (oder wurden in diese verlegt).

chen seines (Halb-)Bruders Peter, Eva Maria (1696-1773) an Kindes statt annahm, dürfte besagen, daß er nicht (mehr) mit eigenen Nachkommen rechnete.[36] Später sollte er auch noch dessen jüngsten Sohn adoptieren.

Nach dem Tod Leopolds I. am 5. Mai 1705 kam Joseph an die Regierung, der mit seinem "jungen Hof" schon längere Zeit in diese Richtung gedrängt hatte, von seinem Vater aber von den Staatsgeschäften zurückgehalten worden war, weil er ihn, obwohl vielseitig begabt und sehr intelligent, für zu leichtsinnig und hitzig gehalten hatte.[37] Joseph wird von Historikern als durchaus reformfreudig eingestuft, war aber ebenso musisch wie vergnügungssüchtig und nicht zuletzt deshalb ein großer Förderer der Musik. Joseph spielte selbst Klavier und Flöte und hat wie seine Vorfahren sogar selbst komponiert.[38] Auch ließ er das 1699 durch Brand zerstörte Opernhaus zwischen der Hofbibliothek und der Reitschule neu erbauen. Es bestand aus zwei Sälen (für Schauspiele und komische Opern bzw. Opere serie) und wurde am 21. April 1708 (Geburtstag der Kaiserin) mit *Il Natale di Giunone festeggiato in Samo* von Giovanni Bononcini (nach einem Text von Silvio Stampiglia) eröffnet. Fux hatte zum Namenstag des Kaisers (19. März) in diesem Jahr bereits den *Julo Ascanio Re d'Alba* geliefert und ließ zum Namenstag der Kaiserin (4. Mai) *Pulcheria* folgen. Diese *Poemetti drammatici* nach Texten von Pietro Antonio Bernardoni sind die ersten erhaltenen dramatischen Werke, sie leiten eine bis Ende der 1720er Jahre währende beinahe alljährliche Reihe ein. Wo Fuxens hauptsächlichste Tätigkeit unter Joseph I. gelegen ist, läßt sich aufgrund der Quellenlage nicht sagen. Es ist jedoch anzunehmen, daß gerade seine Vielseitigkeit geschätzt wurde.

Ob er sich als Hofkomponist nicht ausgelastet fühlte, es mit der Person des Kaisers zu tun hat oder ob er nur den Kontakt zur Praxis aufrechterhalten wollte, bleibe dahingestellt: jedenfalls nahm er nun auch wieder eine der vom Kirchenmeisteramt besoldeten Kapellmeisterstellen an St.Stephan an. Mit dieser waren gewisse Dienste an der Salvatorkirche (vom Magistrat der Stadt honoriert) und beim ungarischen Gnadenbild Maria Pötsch (Böcz)[39] verbunden, und da alle diese Tätigkeiten von einer Person nicht zu bewältigen waren, wurden sie verschiedentlich aufgeteilt. So hat Fux vom ersten Kapellmeister Johann Michael Zächer (1651-1712) be-

[36] Vielleicht hatte seine Frau eine Fehlgeburt erlitten. Jedenfalls könnte man den Titel der *Missa Bonae spei* (*Von der guten Hoffnung*) K 4, die nur bei den Schotten in Wien überliefert und daher wohl vor 1702 (im angenommenen Fall zw.1697/99) entstanden ist, in diese Richtung verstehen.
[37] Charles W. Ingrao, *Josef I. Der "vergessene" Kaiser* (Graz-Wien-Köln 1982).
[38] Guido Adler, *Musikalische Werke der Kaiser Ferdinand III., Leopold I. und Joseph I.* (Wien 1892), Bd.I (ein *Regina coeli*), Bd.II (einige Arien zu einem Sepolcro und zu Opern sowie eine *Aria* für Laute).
[39] seit dem Wiederaufbau nach 1945 unter einem gotischen Baldachin im rechten Seitenschiff

reits im Oktober 1705 den Musikdienst beim ungarischen Gnadenbild und die Versorgung (d.h. Unterricht und Verpflegung) von 3 Singknaben übernommen, erster (oder *Essential-*) Kapellmeister am Dom wurde er erst nach Zächers Tod; diese Stelle bekleidete er bis Ende 1714 (sein Nachfolger wurde mit 1. Jänner 1715 Georg Reutter), die an Salvator aber bis Ende März 1715. Den Dienst bei Maria Pötsch scheint er schon 1712 aufgegeben zu haben, den Unterricht der Kapellknaben beendete er offenbar ebenfalls mit Ende 1714.

Der unerwartete Tod Josephs L. am 17. April 1711 brachte die bekannten Schwierigkeiten in der Nachfolgefrage. Nicht nur weil es üblich war, sondern weil sie Ordnung in die undurchschaubaren Finanzen bringen wollte, ordnete die Kaiserin-Regentin (d.i. die Witwe Leopolds I. Eleonora Margaretha) die Reduktion des kaiserlichen Hofstaates und die formelle Auflösung der Hofmusikkapelle sowie Einstellung nur des unbedingt nötigen und fähigsten Personals an. So wurden die Hofkomponisten Bononcini und Tosi sowie der Kammerkomponist Thalmann pensioniert, Marc' Antonio Ziani trat mit 1. Jänner 1712 die Nachfolge des 1709 verstorbenen Hofkapellmeisters Antonio Pancotti an, und in das dadurch frei werdende Amt des Vice-Hofkapellmeisters war aber schon mit 1. Oktober 1711 der bisherige Hofkomponist Fux eingetreten. Bei dieser Gelegenheit wurde zwar sein Gehalt auf 1600 fl. reduziert, wahrscheinlich gleichzeitig aber wurde er auch zum

Abb.16: sog. Amalientrakt der Wiener Hofburg n. einem Gemälde von Leander Russ (1846, n. Groner, *Wien wie es war*).

Kapellmeister der Kaiserin-Witwe Wilhelmine Amalie (nach Joseph I.) mit 1500 fl. Gehalt ernannt. (Er blieb in dieser Stellung bis 1718. Wilhelmine Amalie wohnte damals hauptsächlich in dem nach ihr benannten Flügel der Hofburg, erst später bezog sie ihr Witwenquartier in dem von ihr gegründeten Salesianerinnenkloster, wo sie 1742 auch begraben wurde.) In den Jahren 1713/14 war Fux also: Vice-Hofkapellmeister des Kaisers, Kapellmeister der Kaiserin-Witwe und Kapellmeister an St.Stephan (verständlich, daß es aus dieser Zeit nur relativ wenige Kompositionen zu geben scheint).

Nach seiner Krönung in Frankfurt im Dezember 1711 hielt Josephs Bruder Karl, der bisher in Spanien regiert hatte, am 26. Jänner 1712 als Karl VI. seinen Einzug in Wien. Es dürfte allerdings auch mit seiner längeren Regierungsdauer, den Ansätzen seines Bruders und dem schließlich erreichten Frieden zusammenhängen, daß er stärker als dieser im allgemeinen Gedächtnis blieb, v.a. auch als Förderer der Wissenschaften und Künste (man denke an seine Pläne, den Philosophen Leibniz nach Österreich zu ziehen, hier ein Akademie der Wissenschaften zu begründen, aber auch an den Bau der Hofbibliothek).

Abb.17: Der Wiener Josefsplatz mit der von Joseph Emanuel Fischer v. Erlach 1735 vollendeten Hofbibliothek (n. Salomon Kleiner)

Auch Karl VI. hielt einen glänzenden Hofstaat, der jährlich mehrmals übersiedelte (Ende April nach Laxenburg, Ende Juni in die Favorita und Ende Oktober in die Wiener Burg), mehr als alle seine Vorgänger aber liebte und betrieb er selbst Musik: er spielte Klavier, komponierte einiges (allerdings ist kaum etwas erhalten) und dirigierte fallweise selbst die Oper (so Caldaras *Euristeo* und Fuxens *Elisa*). Auf Reisen hatte ihn stets wenigstens eine kleine Auswahl von Musikern zu begleiten. Auch seine Kinder wurden musikalisch erzogen. Die anfangs auf 86 Mitglieder reduzierte Hofkapelle wuchs allmählich bis auf 134 im Jahre 1723 an und blieb bis zu seinem Tod 1740 annähernd auf diesem Niveau.

Als am 22. Jänner 1715 der Hofkapellmeister Marc' Antonio Ziani starb, wurde der bisherige Vice-Hofkapellmeister Fux, obwohl nicht mehr der Jüngste, zum Nachfolger bestellt (mit etwa dem Gehalt, das er bisher aus seinen zwei kaiserlichen Stellungen bezogen hatte). Nun hatte er die höchste erreichbare Sprosse der musikalischen Karriere-Leiter erklommen, und wie er sich schmeicheln konnte, weitgehend aus eigenem.

Die Tatsache, daß Fux erst jetzt, als Mittfünfziger, auch als Komponist von großen Werken, insbesodere von Opern und Oratorien hervorgetreten ist, hat man wie erwähnt früher als Zeichen einer Spätentwicklung angesehen. Daß dies nicht zutrifft, dürfte klar geworden sein. Vielmehr sollte man einerseits die Konsequenz der Entwicklung sehen (kleinere, dann größere Kirchenwerke, Kirchensonaten und Kammermusik, kleinere und größere Opern und erst zuletzt Oratorien), andererseits die Anforderungen nach seinen Hofstellungen (ebenfalls zunächst Kirchen- und Kammermusik, dann erst Theater und schließlich unter Einfluß von Karls Religiosität das Oratorium als Pendant zur großen Oper). Schließlich war er als Hof-Kapellmeister zunehmend mit der Verwaltung eines großen musikalischen Apparats beschäftigt, was ihn, ebenso wie sein zunehmendes Gichtleiden dazu zwang, sich als praktischer Musiker (Continuo-Spieler und Dirigent) mehr und mehr vom Vice-Hofkapellmeister Antonio Caldara[40] unterstützen zu lassen. Ja, man kann sogar sagen, daß auch schon früher die Hofkapellmeister-Stellen mehr Prestige brachten als sie musikalische Fähigkeiten verlangten und deshalb oft mit Persönlichkeiten besetzt wurden, die schon in vorgerücktem Alter waren. Der Kaiser hatte Fux also neuerlich mit Bedacht bestellt und damit einen guten Griff getan: Über die menschlichen Züge, die sich in den zahlreichen erhaltenen Gutachten über untergebene oder einzustellende Musiker und ihre Angehörigen zwischen 1715 und 1740

---

[40] Geb. c.1670 in Venedig, über seine Frühzeit ist nichts bekannt, von Rom aus kam er erstmals im Sommer 1708 in Kontakt mit Karl III. (dem späteren Kaiser Karl VI.) in Barcelona, ebenso 1712 in Wien, aber erst 1716 wurde er zum Vice-Hofkapellmeister ernannt, auch er schrieb vornehmlich Opern und Kirchenmusik, er starb 1736 in Wien.

Abb.18: Gemälde von Nicolaus Buck 1717 (Gesellschaft der Musikfreunde Wien).
Auf dieses gehen direkt oder indirekt wahrscheinlich alle anderen bekannten Bild-
nisse des Meisters zurück (nur mehr ein weiteres zu seinen Lebzeiten).

niederschlagen, ist stets nur - und mit Recht - in den höchsten Tönen gesprochen worden. Aber auch in der Verwaltung selbst kam nicht nur seine Zielstrebigkeit und achtenswerte Persönlichkeit zum Tragen, sondern auch der Jurist zum Vorschein, z. B. 1725 in Kompetenzstreitigkeiten mit dem *Cavalier direttore di musica*, dem *Principe Luigi Antonio Pio Carpi di Savoia* (da keine Spur einer schriftlichen Erledigung des Falles erhalten ist, dürften sie mündlich beigelegt worden sein).

1717 geriet Fux auch in den durch den Hamburger Komponisten und Musiktheoretiker Johann Mattheson ausgelösten "Orchester-" oder "Solmisationsstreit". Dieser war durch Matthesons Forderung[41] nach Abschaffung der Solmisation zugunsten der Buchstabenbezeichnung und der Kirchentonarten zugunsten des Dur-Moll-Systems (womit er heute als "modern" erscheinen mag, aber lediglich kodifizierte, was in der Musikpraxis längst üblich war) ausgelöst worden. Zum Wortführer der Opposition, welche daran unbedingt festhalten zu müssen glaubte, machte sich der Erfurter Organist Johann Heinrich Buttstädt.[42] Im Zuge der Polemiken hat Mattheson neben Georg Friedrich Händel, Georg Philipp Telemann u.a. auch Fux um seine Meinung gefragt, der ihm dazu zwei Briefe (Solmisation und Kirchentonarten verteidigend) schrieb. Dabei wollte er es belassen - er tat gut daran und Mattheson respektierte es. Aber es ist nicht nur Köchels und Liess' einseitiges und insgesamt aufgebauschtes Urteil darüber zu berichtigen, sondern auch festzuhalten, daß Mattheson später mehrfach in ehrenden Worten über Fux als Komponisten gesprochen hat. Hingegen hätte Mattheson eher Grund gehabt, über Fux "verschnupft" zu sein, da er ihn mehrmals um eine Autobiographie gebeten aber am 12. Jänner 1718 lediglich die bekannte Antwort erhalten hatte: *'Ich kundte vüll vortheilhafftiges für mich, von meinem Aufkommen, unterschiedlichen Dienst-Verrichtungen überschreiben, wan es nit wider die modestie wäre selbst meine elogia hervorzustreichen: Indessen seye mir genug, das ich wirdig geschätzt werde, CAROLI VI. erster Capellmeister zu sein."* Deshalb fehlt Fuxens Biographie in der 1740 erschienenen *Grundlage einer Ehren-Pforte* von Mattheson.

Oberflächlich betrachtet scheinen zwei Werke aus der zeitlichen Nachbarschaft diese "konservative" Haltung Fuxens zu bestätigen: die berühmte *Missa canonica* (vor 1718) und die 1725 in Wien gedruckten *Gradus ad Parnassum*.[43] Hier ist neuerlich auf die Parallele zu Fischer v. Erlach hinzuweisen, dessen *Entwurf einer Historischen Architektur* (Wien 1721)

---

[41] in seinem Buch *Das neu-eröffnete Orchestre* (1713)
[42] Johann Heinrich Buttstädt, *Ut mi sol, re fa la, tota musica et harmonia aeterna, oder Neueröffnetes, altes, wahres, eintziges und ewiges fundamentum musices (1716).*
[43] Im Sprachgebrauch der Musiker ist meist von dem *Gradus* die Rede, sprachlich korrekter wären aber *die Gradus* (Mehrzahl, gemeint sind ja die Schritte auf dem Weg zum Gipfel des Parnaß als Sitz der Musen).

ebenfalls von der Entdeckung der historischen Dimension geprägt erscheint. Wie diese Parallelen im einzelnen zu beurteilen wären, muß allerdings noch offen bleiben. Keine Frage aber ist, daß die Kirchenkomposition von Fux nicht nur als eine seiner Aufgaben als Hofkapellmeister angesehen wurde, sondern daß er im *alten Stil* nun eine besonders (wenn nicht *die*) angemessene Musikform für die Liturgie zu sehen begann, obwohl seine sonstige Stilentwicklung keineswegs nur rückwärtsgewandt zu nennen ist: mit den Kategorien "konservativ" und "progressiv" ist in dieser Zeit eben wenig auszurichten. Wohl aber könnte an dieser "Stil-Spaltung" auch das zunehmende Alter seinen Anteil haben: Fux sah die musikalischen Entwicklungs- und deren Einsatzmöglichkeiten, und um deren Sicherung geht es ihm in seinem theoretischen Werk, das lange Zeit allzu einseitig seinen Ruf geprägt hat (s.u.S.51).

Handfester noch wird dieses Bedürfnis nach Absicherung des inzwischen gut Sechzigjährigen sichtbar in einem (erfolgreichen) Gesuch an den Kaiser um eine einmalige Abfertigungssumme in der Höhe von 8.000 fl. anstatt einer Pension für die Seinen aus dem Jahre 1721, da er sie für den Fall seines Ablebens versorgt wissen wolle, er aber infolge seiner "*dispendiosen Krankheiten*" die dafür benötigten Mittel nicht habe beiseitelegen können. Mit den "*Seinen*" waren damals seine Frau, "*so ihm jederzeit mit sonderbarer Liebe und Treue alle Hilfe erzeigt*" habe, und die Nichte Eva Maria, sein Schwager und Dienstpersonal gemeint. 1719 bekam er im Wirtshaus *zum Goldenen Bären* auf dem alten Fleischmarkt sein letztes Hofquartier zugewiesen. Bald nach dem Tod des Bruders Peter (1724) nahm er auch noch dessen spätgeborenen Sohn Matthäus (geb. 16. Sept. 1719) auf. Dies beweist mehr als nur ein gutes Einvernehmen mit seinen steirischen Verwandten. 1727 richtete er an den Kaiser ein Gesuch um einen Erziehungsbeitrag für den erst siebenjährigen Neffen, der gute Talente verrate, dessen Ausbildung sich aber in Anbetracht seines eigenen fortgeschrittenen Alters nicht voraussehen lasse. Diesem war kein Erfolg beschieden, erst aufgrund eines weiteren Gesuchs aus dem Jahre 1733 wurden jenem auf den Todfall des Kapellmeisters bis zu eintretender Vogtbarkeit 360 fl. jährlich zugesichert. Inzwischen war am 8. Juni 1731 Fuxens Frau Juliane gestorben und hatte die Nichte Eva Maria den Haushalt, d.h. auch die Pflege des alternden Onkels und des Bruders, der gut ihr Sohn hätte sein können, übernommen. Fuxens Fürsorglichkeit und Gerechtigkeitsgefühl setzte sie in dem am 5. Jänner 1732 errichteten Testament zur Universalerbin ein, wobei er alles Nähere (z.B. die Bedenkung der Dienstboten oder die Anzahl der zu lesenden Hl.Messen) ihr überließ. Dem Neffen aber trug er auf, "*so wohl in litteris alß auch Musica sich embsig zu üeben*"; als dessen Vormund setzte er seinen Schwager Paul Schnitzenbaum ein.

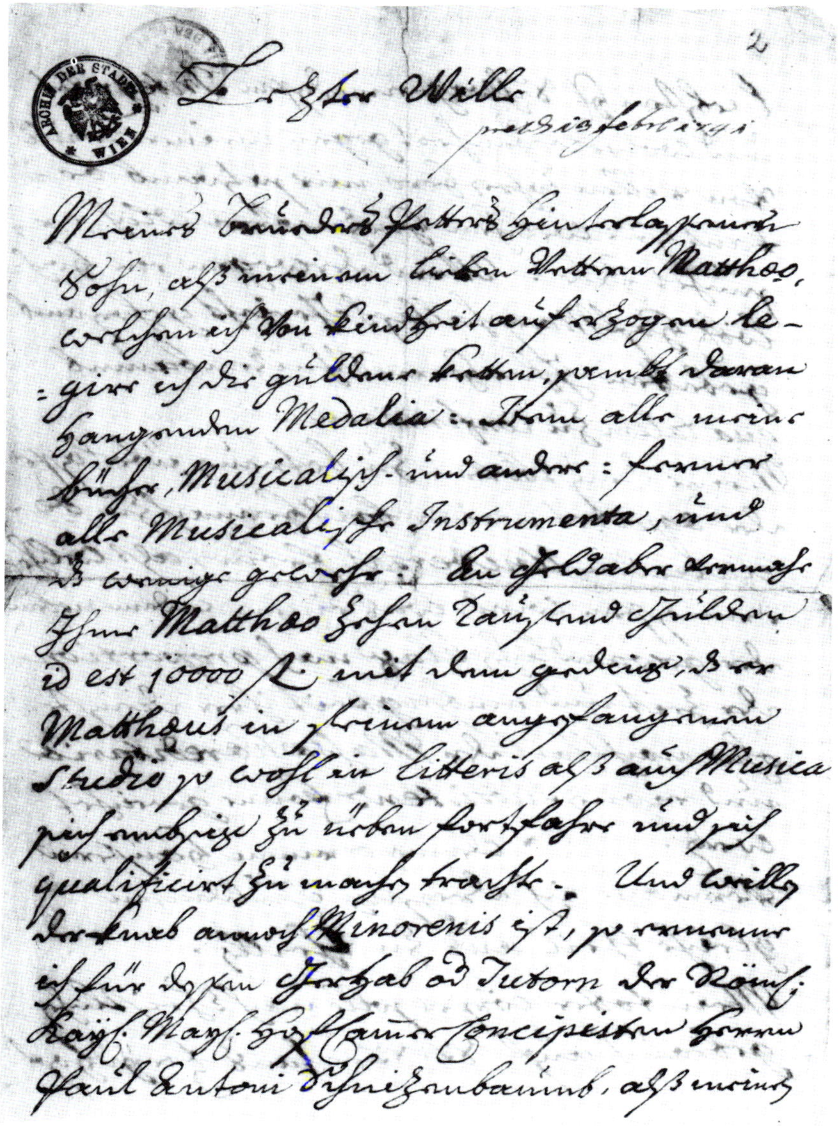

2

Letzter Wille

praes. die febr: 75

Meines Verstorbenen Vatters hinterlassenen
Sohn, alß meinem lieben Vettern Matthäo,
welchen ich von kindheit auf erzogen, le-
gire ich die güldene Kötten, nembl. daran
hangenden Medalia. Item alle meine
bücher, Musicalisch und andere: ferner
alle Musicalische Instrumenta, und
was weniges gewesen: Ein geld aber vermach
Ihme Matthäo Zehen Tausend Gulden
id est 10000 f mit dem gedinge, daß er
Matthäus in seinem angefangenen
studio zu wohl in litteris alß auch Musica
pers onehrize zu üben fortfahre, und sich
qualificirt zu machen trachte. Und weillen
der knab annoch Minorenis ist, so ernenne
ich für deßen Vorhab od Tutorn der Röm.
kayß. Mayst. Hof Camer Concipisten Herrn
Paul Antoni Schießenbaumb, alß meinen

40

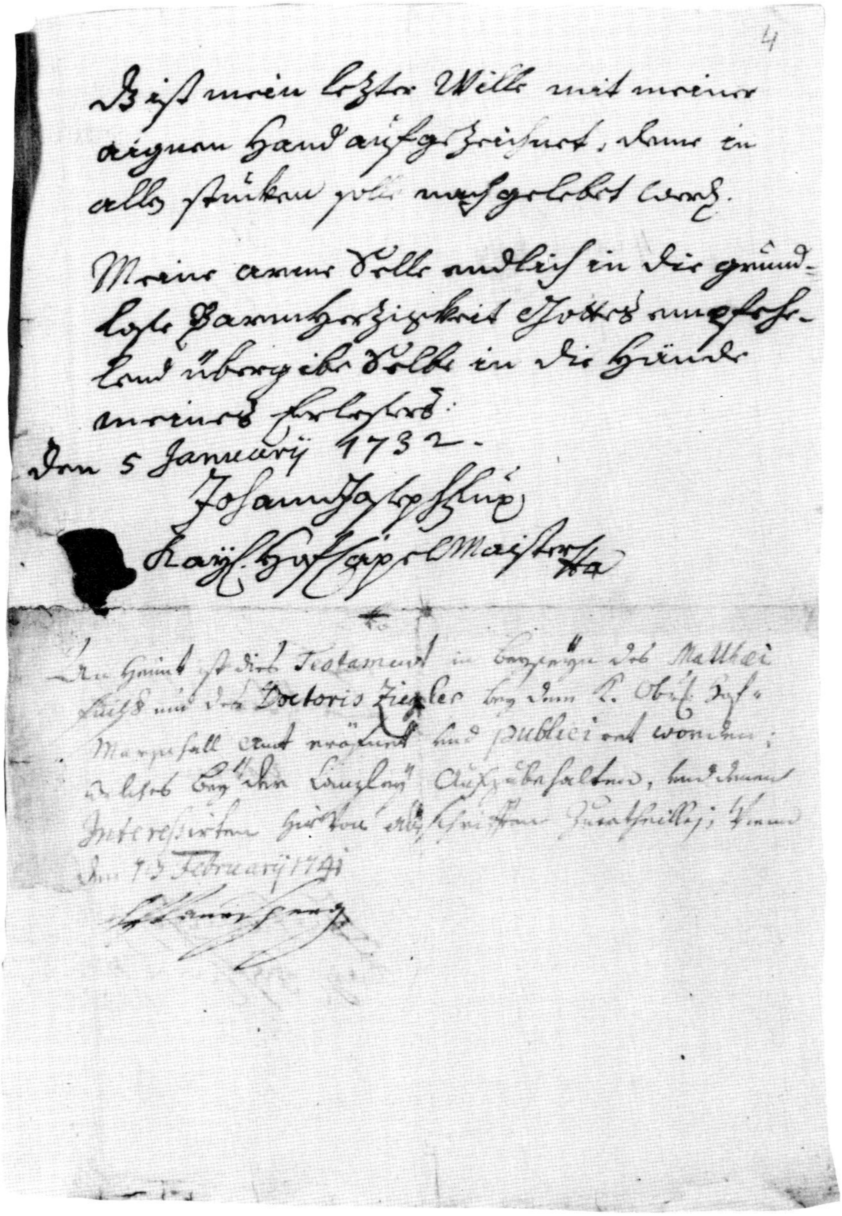

4

[handschriftliches Testament, schwer leserlich]

Dieß mein lezter Wille mit meiner
eigenen Hand aufgezeichnet, kann in
allen stücken zu verlassen werden.

Meine arme Seele empfehle in die gründ-
lose Barmherzigkeit Gottes ange-
lant übergebe Seele in die Hände
meines Erlösers.

Den 5 Januarii 1732.

Johann Joseph [...]
Kayserlicher Hofcapell Maister
m.p.

[zweiter Abschnitt]

Zu Handen ist dieß Testament in Beysein des Matthei
[...] und des Doctoris Ziegler bey Ihro [...] Obrist [...]
[...] und [...] und publiciret worden;
[...] bey [...] [...] [...], und [...]
Interessenten hievon [...] [...]
den 13 Februarii 1741

[Unterschrift]

Abb.19: Erste und letzte der insgesamt fünf Seiten des handschriftlichen Testaments
(Wiener Stadt- und Landesarchiv)

41

Seit etwa dem sechzigsten Lebensjahr plagten Fux die Schmerzen einer chronischen Gicht, die ihn nicht mehr verlassen hat. Im Jahre 1723 mußte ihn, um ihm die Reise zur Aufführung seiner Oper *Costanza e fortezza* überhaupt zu ermöglichen, der Kaiser in einer Sänfte nach Prag transportieren lassen. Im Vorwort und gegen Schluß der *Gradus* kommt er auf die durch seine Krankheit gegebene Behinderung zu sprechen, auch seiner Handschrift ist - zumal nach dem Tode der Frau - eine zunehmende Schwäche anzumerken. Sein letztes Gutachten datiert vom 10. März 1740. Nachdem er im Oktober dieses Jahres mit seinem *Requiem* dem Gönner Karl VI. den letzten Dienst erwiesen hatte, erlag er selbst am 13. Februar 1741 einem *"hektischen Fieber"*. Er wurde drei Tage später in der Gruft von St.Stephan[44] neben seiner Frau beigesetzt.

Abb.20: Kaiser Karl VI.   Abb.21: Castrum doloris für Karl VI.

---

[44] Seit 1720 unter dem Dom angelegt, 1872 wurden die meisten Katakomben geräumt oder vermauert. Fuxens Grab existiert also heute nicht mehr. (Leopold Senfelder, *Die Katakomben bei St.Stephan.* Vorträge und Abhandlungen der Leo-Ges. 19, Wien 1902).

Die Nachwelt

Der Neffe Matthäus Theophilus Fux wird in der Verlaß-Abhandlung vom 19. September 1741 als *"U*(triusque) *J*(uris) *Candidatus"* bezeichnet.[45] In einer Quittung vom 6. Juni 1749 über ein Legat vonseiten der Schwägerin seines Onkels Maria Theresia Schnitzenbaum, ausgestellt in Klagenfurt, nennt er sich selbst *"Einleitungs-Rectifications-Actuarius Registrator und Protocollista in Kärnthen"*. Dies ist die letzte Nachricht von ihm und damit die letzte Spur des Fuxischen Nachlasses an Büchern, Noten und Instrumenten. Da seine Schwester Eva Maria in ihrem eigenen Testamente vom 5. März 1771 seiner nicht gedenkt, ist anzunehmen, daß er damals bereits gestorben war. Sie selbst wurde wie die meisten aus diesem Familienzweig (nicht nur für damalige Verhältnisse) ziemlich alt, sie starb unvermählt, aber auch durch eine bedeutsame Erbschaft aus der Familie Schnitzenbaum in den Stand unabhängiger Behaglichkeit versetzt, am 6. April 1773 im Alter von 76 Jahren in Wien.

Bei der Vorbereitung seiner Edition der Vesperhymnen von Johann Stadlmayr (1560-1648) in den *Denkmälern der Tonkunst in Österreich* war Johann Ev. Habert 1895 davon ausgegangen, daß es sich um Werke von Johann Joseph Fux handle. Heute ist diese lange Zeit bestehende Fehlzuweisung von einem runden Jahrhundert relativ leicht erklärbar: Diese Stücke waren im 17. Jh. von Vinzenz Fux ergänzt worden und in der Folge hielt man gelegentlich alle für aus seiner Feder stammend. Ab dem 18. Jh. aber war dieser Vinzenz Fux nicht mehr bekannt; wenn ein Kenner den Namen Fux hörte, dachte er an Johann Joseph. Auch in einigen anderen Fällen sind inzwischen derartige Verwechslungen nachgewiesen, in weiteren wären sie durchaus noch denkbar. Die Musikergestalt des Vinzenz Fux ist nun einigermaßen bekannt: Er stammte ebenfalls aus der Steiermark, ist aber mit der Familie des Johann Joseph Fux offenbar ebensowenig verwandt wie mit den zwei steirischen Musiker-Familien Fuchs, die im 19. und 20. Jh. mehrere Komponisten hervorgebracht haben und von denen eine ebenfalls bis ins frühe 17. Jh. zurück verfolgbar ist. Vinzenz ist um 1606 in Weißkirchen bei Knittelfeld geboren, wurde offenbar schon als Sängerknabe im Stift St.Lambrecht mit der neuen italienischen Kirchenmusik vertraut, kam 1626 zum Studium nach Wien, wurde in der Folge Organist an der Kirche *Maria am Gestade* und, wohl durch Bischof Erzherzog Leopold Wilhelm vermittelt, Organist der Kaiserinwitwe Eleonore. Er ist am 15. Sept. 1659 in Wien gestorben. Er hinterließ ein reichliches Oeuvre an viel-

[45] er hat also in der gleichen Weise wie sein Onkel begonnen

stimmigen Messen, Motetten und auch einigen Instrumentalwerken, mit denen er als Vermittler zwischen der Venezianischen und mittelbarock-österreichischen Kunst erscheint.

Im 18. Jh. wurde Vinzenz auch in Wien durch Johann Joseph Fux über-lagert. Die erstaunlich positiven Erwähnungen seines Namens in den Schriften von Mattheson wurden bereits erwähnt. Aber man darf nicht über-sehen, daß sich diese einerseits auf eine bestimmte Gattung (Triosonate), andrerseits auf eine Form (Fuge) bezogen, die beide im Verschwinden bzw. im Begriffe waren, zum Zeichen des (wie auch immer eingestuften) Tradi-tionellen, um nicht zu sagen Veralteten zu werden. So überwiegt auch bei den so ehrend erscheinenden Nennungen seines Namens in einem Atemzug mit Zarlino, Palestrina, Bach, Händel usw. durch Johann Adolph Scheibe (1708-76), Giuseppe Santarelli, Christian Friedrich Daniel Schubart (1739-91), Johann Friedrich Reichardt (1752-1814) deutlich das Bedauern über einen gewissen Verfall. Selbst die Hochschätzung durch Johann Sebastian Bach (1675-1750) dürfte sich vornehmlich auf den Kontrapunktiker Fux bezogen haben. Es ist kein Wunder, daß diese Tendenzen sich paradoxer-weise durch das Fortleben der *Gradus ad Parnassum* noch verstärkten: seine Name wurde in bezug auf die Fuge zu einem literarischen Topos (bei Friedrich Wilhelm Marpurg, Christoph Nichelmann, Johann Friedrich Agri-cola oder Johann Adam Hiller). Gegen Ende des Jahrhunderts aber verwen-dete Jakob Wilhelm Heinse in seinem Roman *Hildegard von Hohental* (1795) Fuxens *Elisa* bereits zu einem literarischen Scherz. In der Oper und Instrumentalmusik war die Entwicklung, welche zunehmend vom damals aufkommenden Schlagwort der Neuheit in der Kunst geprägt wurde, über ihn hinweggegangen. Am wenigsten traf sie die Kirchenmusik; aber auch dazu ist zu bedenken, daß diese eben aus ähnlichen geistigen Gründen (Aufklärung!) von der allgemeinen Musik-Entwicklung abgekoppelt wurde und hinfort dem Vorurteil prinzipieller Konservativität verfiel.[46] Daß daran auch gerade Fux seinen Anteil hatte (a-capella-Satz), ist nicht zu leugnen.

Mit Recht hat man darauf hingewiesen, daß das vom Geist der Romantik und der musikalischen Erneuerungsbewegung gespeiste Interesse an den "Alten" auch am Anfang der Wiederentdeckung des Komponisten Fux im frühen 19. Jh. stand: den ersten Aufführungen in den historischen Konzer-ten bei Raphael Georg Kiesewetter (1773-1850), Franz Xaver Gebauer (1784-1822) und Simon Molitor (1766-1848) in Wien folgten die ersten Editionen, die eindeutig für die Praxis bestimmt waren (also abgesehen von Zitaten und Belegen in Lehrbüchern): der *Missa canonica* bei Kühnel in

---

[46] Vgl. Rudolf Flotzinger, Über den Bildungseffekt und die "andere" Konservativität ka-tholischer Kirchenmusik. In: *Geistliche Musik. Hamburger Jb. für Musikwissenschaft* 8 (Laaber 1985) S.143-155.

Leipzig (ca. 1812) sowie von 6 Proprien und Vespergesängen in Bd.II/III von Karl Proskes *Musica divina* (Regensburg 1854/59). Diese einseitige Ausrichtung auf a-capella-Stücke hat seine ebenso einseitige Beurteilung zweifellos gefördert. Es ist dies aber nur eine Seite. Auf der anderen standen allgemeinere, von vaterländischem Geist ausgelöste lexikographische Interessen, die bereits im ersten Band der in Wien erscheinenden *Allgemeinen musikalischen Zeitung mit besonderer Rücksicht auf den österreichischen Kaiserstaat* 1817 erstmals formuliert wurden und u.a. auch zu einem wohl Franz Sales Kandler (1792-1831) zuzuschreibenden Artikel über Fux im vierten Band (1820) geführt hat. Dabei ist interessant zu beobachten, daß er mit größter Selbstverständlichkeit als Fuxens Geburtsjahr 1660 angibt, das Todesjahr aber nicht kennt. Ebenso wird die Tätigkeit als "kaiserlicher Ober-Capellmeister" mit 1695-1735 angegeben. Zusammen mit dem oben erwähnten Bericht von Daube muß man also annehmen, daß es damals in Wien eine entsprechende mündliche Tradition, wenn nicht sogar heute verschollene Quellen gegeben hat. Kandler selbst nennt sich auch stolz Besitzer zweier Fux-Autographe. Diese (es handelt sich wohl nicht zufällig um zwei Messen) gingen später in den Besitz von Aloys Fuchs über und sind noch erhalten. Dieser Schlesier (geb. 1799) war 1816 zum Studium nach Wien gekommen und 1823 Beamter im Hofkriegsrat geworden. Er baute eine bedeutsame private Musikbibliothek auf und wurde zu einem Pionier bibliographischer und biographischer Forschung. Für die Fux-Forschung bedeutsam ist v.a. sein bereits 1835 angefangenes handschriftliches Werkverzeichnis. Er starb 1853 in Wien und ist als unmittelbarer Vorläufer Köchels anzusehen. Eine nachhaltige Wiederbelebung des Interesses für Fux begann erst mit dessen Monographie (1872). Dieses Buch ist noch immer nicht überholt. Es enthält eine Biographie und eine Würdigung des Werkes, aber der größere Teil besteht aus Dokumenten über die Familienverhältnisse, seine Anstellungen, die Stände der kaiserlichen Hofmusikkapelle von 1680 bis 1740, Fuxens Gutachten über Hofmusiker von 1715 bis 1740, der bei Hofe zwischen 1631 und 1740 gegebenen Opern, Serenaden, Feste teatrali und Oratorien, und v.a. einem thematischen Katalog der Kompositionen.

Die Aufnahme von Köchels Buch (bemerkenswert ist die ziemlich negative Rezension Eduard Hanslicks in der *Neuen Freien Presse* vom 31. Oktober 1871!) bestätigt, daß es damals zwei Richtungen gab: Puristen und Praktiker, die nur den Kontrapunktiker und a-capella-Komponisten Fux zur Kenntnis nehmen wollten, sowie Historiker, die an dessen Gesamterscheinung interessiert waren - und blieben.

Der entscheidendste Schritt war die Neuedition von Werken. Als 1894 der Professor für Geschichte der Musik an der Wiener Universität Guido

Adler die Publikationsreihe *Denkmäler der Tonkunst in Österreich* gründete, eröffnete er sie mit vier Messen von Fux. Wenige Jahre später folgten Motetten, Instrumentalwerke, die Oper *Costanza e Fortezza*, Partiten, Klaviermusik und Solomotetten.

Gut zwei Generationen nach Köchels Biographie wurde ein weiterer Versuch gestartet, Leben und Werk von Fux detaillierter darzustellen: 1936 veranstaltete Viktor von Urbantschitsch in Graz eine akademische J.J.Fux-Feier, an die Herbert Birtner mit seinem Historismus-Vortrag 1941 anknüpfte. Birtner aber betraute 1942 Andreas Liess mit der Betreuung der bereits von der damaligen "Landschaftsstelle für Musik" geplanten Gesamtausgabe. Schon 1940 hatte Liess seine erste Studie über den steirischen Komponisten vorgelegt. Seine Monographie über Fux (1948) brachte sodann eine Würdigung des Werks, neues biographisches Material und eine große Zahl bis dahin unbekannter Kompositionen, die er v.a. in Prag gefunden hatte. Die Bemühungen um eine Gesamtausgabe hat schließlich die 1955 gegründete Fux-Gesellschaft übernommen: Hier publizierte Hellmut Federhofer zwischen 1959 und 1963 fünf Bände mit Beispielen verschiedener kompositorischer Gattungen. Ihm folgten in den 1960/70er Jahren Othmar Wessely, vorübergehend auch der Autor dieser Zeilen und zuletzt wiederum Federhofer. Aus verschiedenen Gründen konnte die Fux-Gesellschaft das Editionstempo der ersten Jahre zwar nicht aufrechterhalten, doch ist sie nach wie vor tätig. Dazu kamen mehrere Privat-Initiativen und Dissertationen. Nicht zuletzt aber ist in jüngerer Zeit auch ein größeres Interesse der Musiker an Fuxens Kompositionen zu beobachten, auch an den Oratorien und sogar einzelnen Opern.

DAS WERK

Fux steht in einer langen und ununterbrochenen Reihe von großen österreichischen Komponisten. Wenn man seine Musik hört, ist man manchmal von Passagen überrascht, die ihren Ursprung in der Venetianischen Tradition offenbaren, andere wiederum scheinen den klassischen Stil von Joseph Haydn vorwegzunehmen; manchmal erinnert die Wärme und Intensität der melodischen Linie oder der populäre Charakter seiner Menuette sogar an einen anderen österreichischen Komponisten ländlicher Herkunft: Anton Bruckner. Mit diesem hat er auch noch andere Züge gemeinsam: auch er war ein begeisterter Lehrer und großer Theoretiker.

Die Bedeutung von Fuxens *Gradus ad Parnassum*, unübertroffen als Lehrbuch für den strengen Kontrapunkt, ist wohlbekannt. Es diente als Modell für beinahe alle späteren einschlägigen Bücher. Nicht so bekannt aber sind seine grundsätzlichen Bemerkungen über Geschmack und Stil in den - allerdings fragmentarischen - letzten Kapiteln. Insbesondere scheint die folgende sein künstlerisches Credo zu offenbaren: daß "*diejenige Composition von guten Geschmack sey, vnd den Vortzug verdiene, welche sich auf die Regeln gründet, sich der gemeinen und ausschweifenden Gedancken enthält, was ausgesuchtes edles und erhabenes in sich hält, alles in natürlicher Ordnung vorbringt, und auch Musikverständigen ein Vergnügen zu machen fähig ist. Denn eine ausschweifende und ausgelassene Composition, ob solche gleich keine gemeine Gedancken hat, und die Ohren unerfahrner Zuhörer kützeln kann, wird doch dem zärtlichen Geschmack der Kunstverständigen keine Genüge leisten, welche ausser den auserlesenen Gedancken auch Ordnung verlangen.*" Es genügt also nicht, brillante Ideen zu haben: diese bedürfen entsprechender Kunstfertigkeit.

Von solchen Passagen wie von seinen Gutachten über Musiker am Kaiserhof erhalten wir ein Bild von Fux als einem Lehrer mit großer Vitalität. Er besaß offenbar die Fähigkeit, seine Schüler zu überzeugen, daß es viele Wege und nicht nur einen einzigen zur befriedigenden Lösung eines kompositorischen Problems gibt. Er fand auch großzügige Worte des Lobes und der Ermunterung für Musiker, wenn sie ihn um Rat fragten und er von der Qualität ihrer Werke überzeugt war. Der spätere Komponist der Oper *Günther von Schwarzburg*, der gebürtige Wiener Ignaz Holzbauer (1711-83), berichtet z.B., daß er nie so glücklich nach Hause gegangen sei wie nach seinem Besuch bei Fux, da er zu ihm gesagt habe: "*Sie sind ein gebornes Genie.*"

Das Bild von Fux als einem altmodischen Theoretiker, der auch Kir-

chenmusik und Hofopern komponiert habe,[1] ist falsch. Wenn er ein so kleiner Geist gewesen wäre, hätte er seine führende Stellung unter den hervor-
ragenden Italienern, die als Komponisten und Dirigenten am Wiener Hof
tätig waren, nicht halten können. Seine geistliche Musik wurde Bestandteil
des ständigen Repertoires. Die in den alten Stimmen seiner Messen in der
Wiener Nationalbibliothek enthaltenen Aufführungsdaten zeigen, daß viele
von ihnen bis über die Jahrhundertmitte hinaus verwendet wurden. Die
1727 entstandene *Missa S. Joannis* etwa verzeichnete 40 Aufführungen, die
letzte 1775; die vor 1718 geschriebene *Missa di San Carlo* wurde 1757 von
Michael Haydn abgeschrieben und im Laufe des 19. Jahrhunderts zweimal
gedruckt. Obwohl der Musikdruck in seinen Tagen selten war, wurde sein
Concentus musico-instrumentalis in septem partes divisus 1701 in Nürnberg
(Felseckers Erben) gedruckt, seine Festoper *Elisa* von 1719 in Amsterdam
(Jeanne Roger). Natürlich hat in diesen Fällen die kaiserliche Schatulle für
die Drucklegung bezahlt.

Es erhebt sich die Frage, warum Fux lange Zeit beinahe nur als Theoretiker bekannt war. Er hatte am Kaiserhof die höchsten Stellungen inne, die
ein Musiker erreichen konnte. Seine Name erscheint in allen Lexika und
theoretischen Werken über Musik; Forkel gibt 1802 eine Liste derjenigen
Komponisten wieder, die Johann Sebastian Bach bewunderte, und in dieser
rangiert Fux an erster Stelle, erst nach ihm Händel, Caldara, Keiser, Hasse,
Graun und andere.

Eine Antwort auf diese Frage ist nicht so schwer. Fux starb, als Maria
Theresia und Friedrich II. auf den Thron kamen. Bedrohung durch Krieg
beherrschte die Wirtschaft, die Tage der großzügigen *feste teatrale* waren
vorbei. Eine Forderung nach Einfachheit und Sensibilität durchdrang die
Künste. Eine neue Generation von Komponisten, viele von ihnen Schüler
von Fux, war herangewachsen; sie erforschten die Möglichkeiten der neuen
Instrumentalformen Symphonie und Divertimento, aber auch die einer
neuen Opernform mit einfacheren Harmonien und weniger Kontrapunkt.
Darüberhinaus gab es in der zweiten Hälfte des 18. Jahrhunderts in Wien
derart viele Komponisten, daß Aufführungen von solchen der vorhergehen-
den Generation selten wurden, obwohl, wie erwähnt, einige liturgische
Werke von Fux in Wien[2], Salzburg, Prag, Dresden und in den fürstlichen
Klöstern an der Donau im Repertoire blieben.

In seinem thematischen Katalog führt Köchel über 400 größtenteils um-
fangreiche Werke von Fux an. Dazu kommen weitere, die in der Zwi-

---

1 z.B. Hugo Riemann, *Musiklexikon* 11. Aflg. (1929) S. 556.
2 1771 hörte Burney in Wien noch seine Vespern (Charles Burney, *Tagebuch einer musikalischen Reise*, Hamburg 1772).

schenzeit von A. Liess, H. Federhofer und anderen[3] gefunden wurden und ihre Zahl auf über 500 ansteigen läßt. Dies ist eine imposante Zahl, v.a. wenn man auch Fuxens Tätigkeit als Leiter der Hofkapelle, als Dirigent, Lehrer und Theoretiker mit in Betracht zieht. Wie schon erwähnt, hat man früher den Beginn seiner kompositorischen Tätigkeit erst im Alter von an die 40 Jahren angenommen und dabei ebenfalls eine Parallele zu Bruckner gezogen. Es mag sogar sein, daß diese Annahme auch das Vorurteil genährt (wenn nicht ausgelöst) hat, seine Musik sei "trocken" und "hölzern", eben die eines komponierenden Theoretikers. Daß die biographischen Tatsachen dem widersprechen und gewissermaßen eine ganz normale Entwicklung vorliegt, entzieht dem Ganzen den Boden. Wohl aber wirkt sich zweifellos für ihn nachteilig aus, daß die Schwerpunkte seines Werkes auf Gattungen liegen, die z.T. heute weniger interessieren (Kirchenmusik) oder deshalb weniger bekannt sind, weil ihre Aufführung besonders aufwendig und die Gelegenheiten dazu selten sind (Opern, Oratorien), während die vielzitierten Massenmedien v.a. an Instrumentalmusik interessiert sind. Es trifft auch zu, daß die meisten seiner Kompositionen vor 1731, dem Jahr, in dem seine Frau starb, entstanden sind. Schließlich ist der Komponist Fux nicht vom Autor der *Gradus ad Parnassum*, der kreative Musiker nicht vom Lehrer und Theoretiker zu trennen. Diese Seite seiner Persönlichkeit ist daher vorweg zu behandeln.

Umseitig: *Gradus ad Parnassum*, Frontispiz der Originalausgabe. Es stammt von dem 1716 nach Wien berufenen Hofmaler und Direktor der Maler-, Bildhauer- und Baukunst-Akademie Jakob van Schuppen (1670-1751). Auch diese Tatsache zeigt, daß das Werk als repräsentativ angesehen werden sollte. Dargestellt ist die Krönung des die Stufen zum Parnaß erfolgreich Emporgestiegenen durch Apoll, im Vorder- und Hintergrund Musen und Grazien, über ihm Pegasus; der Rahmen ist mit Musikinstrumenten geziert und vom kaiserlichen Doppeladler gekrönt. Es zeigt deutliche Anklänge an das Titelblatt der *Gedichte* des kaiserlichen Hof-Numismatikers und Emblematikers Carl Gustav Heraeus (Nürnberg 1721). Die (von Mizler nicht übersetzte) lateinische Widmungs-Vorrede an Karl VI. entspricht in Art und Stil derjenigen der Trinitatis-Messe (vgl.o.). Den Titel *Gradus ad parnassum* führte u.a. bereits ein Synonymen-Lexikon des Jesuiten Paul Aler (Köln 1699).

---

3 Nach dem Vorschlag von Federhofer (Unbekannte Kirchenmusik) hat man sich angewöhnt, dementsprechend drei Werkzählungen zu verwenden: K (=Köchel), L (=Liess) und E (=Ergänzung).

I. VAN .SCHVPPEN. S.C.ET C. M. PICTOR. INV. DEL.   G. A. Müller sculpsit Vienna

Abb.22: Frontispiz der Originalausgabe (Wien 1725)

Der Komponist und Theoretiker

Die Meisterschaft, die Fux in seinem Buch 1725 lehrte, ist in all seinen Kompositionen zu spüren, doch besteht auch ein bemerkenswerter Unterschied in der Anwendung der Regeln: In den Kompositionen erlaubt er sich natürlich weitaus größere Freiheiten (etwa in der Verwendung verdeckter Oktaven und Quinten, im Gebrauch von Dissonanzen). Dies ist nicht überraschend: ein guter Lehrer wird stets verlangen, daß seine Schüler während der Lehrzeit die Regeln striktest befolgen, um ihnen eine gesunde kompositionstechnische Basis zu vermitteln.

Über Fuxens *Gradus ad Parnassum* ist viel geschrieben worden, zuletzt vom Herausgeber der Neuedition A. Mann. Erst in jüngerer Zeit aber ist mehr über die Herkunft dieser Theorie, außerdem über frühere theoretische Schriften aus seiner Feder bekannt geworden. Wir wissen heute, daß den *Gradus* zumindest zwei weitere pädagogisch-theoretische Schriften von Fux vorausgehen: Bei einem nur in einer späten Abschrift (1762) überlieferten *Fundamentum partiturae*, einer Art Klavierschule, läßt die Angabe *Josephus Franciscus Fux* an der Autorschaft vielleicht zweifeln. Nicht so ist es bei 5 mit dem Hinweis *A D(omino) J. J. Fux* versehenen zweistimmigen cantus-firmus-losen Kontrapunkt-Übungen mit rhythmisch freien Stimmen in Ganzen, Halben und Viertelnoten (*Exempla dissonantiarum ligatarum et non ligatarum*, nach 1700), die sich von denen in den *Gradus* unterscheiden, sowie bei dem sog. *Singfundament*, zweistimmigen Solmisationsübungen, die er offenbar für die Sänger an St.Stephan oder bereits bei den Schotten geschrieben hat.[4] Indem er deren System in den *Gradus* weiter ausarbeitete, war Fux also kein Neuerer. Mit Recht betont er im Vorwort, daß es ihm v.a. um eine Schrift "*von der practischen*" Musik (d.h. um Fertigkeiten) gehe und daß seine Methode besser ausgearbeitet sei als die seiner Vorgänger, u.zw. zu dem Zweck, daß "*Anfänger stufenweise die Composition lernen und gleichsam als wie auf einer Leiter zu dem Gipfel dieser Wissenschaft hinansteigen könten*". Trotzdem sollte man dabei nicht nur, wie üblich, die Methode sehen, den Kontrapunkt zu lehren, sondern durchaus von seiner Technik der Komposition sprechen. Nach seinen eigenen Worten wird unter "*Contrapunkt eine Composition verstanden, die nach den Regeln dieser Kunst ausgeführt wird*". Die *Gradus* sind also ein Traktat über die Komposition; sie enthalten nicht nur einen Abschnitt über

---

[4] Fux war auch hier für die Ausbildung der Sängerknaben zuständig. Daß er als Singlehrer bekannt war, beweist außerdem ein Vertrag mit dem Fürsten Paul Esterházy vom 1. Juni 1707, mit dem er die Ausbildung von 2 kastrierten Knaben "*in der Singkunst*" übernahm; s. Carl F. Pohl, *Joseph Haydn* I (Berlin 1875) S.206.

die Fuge (als den Gipfelpunkt des kontrapunktischen Satzes und damit als Ziel der vorangehenden Grundlagen und Übungen), sondern auch über den *stylus antiquus* (= Alten Stil, gemeint ist a-capella-Stil, der "*noch in den meisten Cathedralkirchen gebräuchlich, und am Kayserlichen Hof zur Fastenzeit*"), den *stylus mixtus* (= Vermischten Stil, nämlich von Solisten, Chor und Instrumenten) und das begleitete Rezitativ.

Fux kannte die musiktheoretischen Schriften des 16. und 17. Jahrhunderts sehr genau. Er zitiert im Kapitel über die Tonarten (Modi) Gioseffo Zarlino, Giovanni Maria Bononcini und Angelo Berardi, aber die Hauptquelle für die *Gradus ad Parnassum* ist offensichtlich die Tradition des Kompositionsunterrichts in Österreich, die schon lange vor ihm durch einen "Hang zur Praxis" gekennzeichnet war.[5] Dazu gehört ein Traktat, der sowohl Alessandro Poglietti (gest. 1683) als auch Johann Kaspar Kerll (1627-93), aber wohl beiden zu Unrecht zugeschrieben wird und einer gekürzten Version des *Tractatus compositionis* von Christoph Bernhard, einem Schüler von Heinrich Schütz (1585-1672) entspricht. Fux vermittelte also die Lehre von Schütz, der seinerseits die der großen venetianischen Meister Giovanni Gabrieli und Claudio Monteverdi übernommen hatte. In der Tat war es Schütz, der die Unterscheidung zwischen *stylus gravis* oder *antiquus* und *stylus modernus* oder *luxurians* gemacht hatte. Als repräsentativ für den *stylus antiquus* nennt Bernhard v.a. Palestrina, Josquin, Willaert, Gombert und die beiden Gabrieli; aus deren Schreibweise war die Lehre vom strengen Kontrapunkt abgeleitet worden. Der um 1600 beginnende *stylus luxurians* veränderte nicht die Regeln des *stylus antiquus*, sondern ist in Bernhards Worten eine Weiterführung von diesem, die durch "*vielerley Arten des Gebrauchs derer Dissonantzen*" gekennzeichnet ist, "*welche andere Licentias nennen, weilen sie mit denen Figuris[6] nicht scheinen entschuldigt zu werden*".[7] Indem Fux sich mit dem *stylus antiquus* mehr als mit dem neuen Stil - er nennt ihn *mixtus* und *recitativus*, aber nicht *luxurians* - beschäftigt, folgt er der Ansicht von Schütz, wonach niemand gute Musik schreiben könne, der sich nicht "*vorhero in dem Stylo ohne den Bassum Continuum genugsam geübet*" habe.[8] Diesen Übungen ist das 2. Buch gewidmet, welches mit dem vierstimmigen Satz abbricht (der versprochene Teil zum vielstimmigen Satz ist offenbar aus Gesundheitsgründen nicht mehr erschienen). Das 1. Buch enthält die Voraussetzungen und die mathematischen Grundlagen der Monochord- bzw. Oktav-Teilung etc.

---

[5] Federhofer, Fux als Musiktheoretiker S.109.
[6] = *eine gewisse Art die Dissonantzen zugebrauchen, daß dieselben nicht allein nicht widerlich, sondern vielmehr annehmlich werden, und des Componisten Kunst an den Tag legen* (Fux).
[7] Joseph M. Müller-Blattau, *Die Kompositionslehre Heinrich Schützens in der Fassung seines Schülers Christoph Bernhard* (Leipzig 1926) S.63, 71.
[8] Schütz, *Geistliche Chor-Musik* (1648), Vorwort

Die *Gradus ad Parnassum* wurden zu einer Zeit publiziert, als gewisse Komponisten anderswo bereits in einem leichteren Stil zu schreiben begannen, der auf der einen Seite zum *galanten*, auf der anderen Seite zum *vorklassischen Stil* führte. Mattheson griff Fuxens Methode bekanntlich als altmodisch, "*schon zur Zeit seiner Abfassung veraltet*" an. Dieses bis heute weitergewälzte Urteil beruht auf einem Mißverständnis: Fux geht es, wie gesagt, um eine praktische Kompositionslehre und nicht um Musiktheorie im engeren Sinn und sein pädagogisches Prinzip des Fortschreitens vom Einfachen zum Komplizierten (v.a. die berühmten Fuxschen "Gattungen": zu einem gegebenen *cantus firmus* Kontrapunktstimmen in Ganzen, Halben, Vierteln, Synkopen und gemischten Notenwerten zu erfinden) hat ihm auch das Weiterleben bis in unser Jahrhundert gesichert. Lorenz Mizler, ein Schüler Johann Sebastian Bachs, übersetzte die *Gradus* 1741, da er "unter Bachs Augen war"[9], ins Deutsche und schrieb in seiner *Vorrede des Uebersetzers* wohl zurecht: "*Fux hat die ersten Gründe der Harmonie und Setzkunst vorgetragen, die allezeit gewesen sind, die noch sind, und die auch allezeit seyn und bleiben werden, solange dieses Weltgebäude in ihrem Zusammenhang und die Regeln, nach welchen solches da ist, sich nicht verändern.*" Dieser deutschen Übersetzung folgte 1761 eine italienische (Alessandro Manfredi, *Salito als Parnasso*); 1767 brachte Welcker of Soho in London eine simplifizierte englische Version des 2. Teils heraus (*Practical Rules for learning Composition*), die John Preston zwischen 1778 und 1797 mindestens einmal nachdruckte; zwischen 1773 und 1775 brachte Pierre Denis eine französische Version (*Traité de composition musicale*).

Haydn und Mozart lernten anhand der *Gradus*; Haydn kompilierte sogar ein "*Elementarbuch der verschiedenen Gattungen des Contrapuncts Aus den größeren Werken des Kapm. Fux*".[10] Des weiteren basieren die Kontrapunkt-Lehrbücher von Beethovens Lehrer Johann Georg Albrechtsberger (1790), von Luigi Cherubini (1835), Heinrich Bellermann (1862), Michael Haller (1891), Heinrich Schenker (1910), Richard Stöhr (1911), Hermann Roth (1926), Knud Jeppesen (1930) und andern bis hin zu Ernst Tittels bemerkenswertem *Neuen Gradus* (1959) mehr oder weniger deutlich auf Fux.

Die Frage, wie weit das schöpferische Werk von Fux das in den *Gradus* Gelehrte widerspiegle, scheint auf den ersten Blick eine Kluft zwischen Theorie und Praxis anzuzeigen, da in den *Gradus* ja vor allem die Theorie des Schreibens im "alten Stil" dargestellt ist. Doch wir haben auf die letzten Seiten zu achten: Fux bespricht hier auch den a-capella-Stil mit Begleitung von Orgel und Instrumenten, "*welcher sich einer größeren Freiheit erfreut, sowohl im Rhythmus, als auch in der Melodie und Beweglichkeit*"; sodann

9 Philipp Spitta, *Johann Sebastian Bach* III (Leipzig) S.125.
10 István Kecskeméti, Einleitung zu *Te Deum*. Fux-GA II/1 (1963) S. VII.

Abb.23: *Gradus ad Parnassum*. Frontispiz der italienischen Ausgabe (Carpi 1761)

berührt er die Frage des *stylus mixtus* (vermischten Stils) für Solisten mit Chor und Instrumenten und schließlich handelt er vom *Stylo recitativo*, der nichts anderes sei "*als eine Rede mit musikalischen Mitteln ausgedrückt*". Um das Verhältnis zwischen Wort und Ton zu beschreiben, wählt er den Vergleich mit einem Schneider, der ebenfalls "*alle Glieder des Leibes nach der Länge und Breite genau abmißt, damit er ein Kleid zuwege bringt, daß sich vollkomen zu dem Leibe schickt: Ebenso soll auch ein Componist den Text einkleiden, und auf die Bedeutung und den Ausdruck desselben sehen, daß die nach Beschaffenheit der Worte eingerichtete Melodie nicht nur zu singen, sondern auch zu reden scheine.*" Als Beispiel kann das folgende dienen, zu dem er sagt: "*Zu einem Text, der voller Ehrfurcht ist, muß auch eine gravitätische Musik kommen, wobey der Baß wenig zu verändern ist*":

Dies alles ist nicht als Widerspruch zu seinem strengen Kontrapunkt zu sehen (deren Beispiele nicht zufällig ohne Text gegeben werden), sondern als entscheidender Schritt zur konkreten Komposition, und es ist festzuhalten, daß er sich nicht auf die alte Figuren-, sondern auf die Affektenlehre des Barock beruft: *"Denn die weltliche Musik hat den Endzweck die Gemüther der Zuhörer zubelustigen, und zu verschiedenen Leidenschaften zubewegen, und sind die Leidenschaften, die im Recitativ vorkommen, mehrentheils folgende: Der Zorn, die Erbauung, die Furcht, die Gewalt, die Beschwerlichkeit, die Wollust, die Liebe, u.s.f."* Den Zorn z.B. beschreibt er so: *"Der Zorn kan mit einer hefftigen Melodie, da die Tone in die Höhe gehen, und wenn solcher sehr groß ist, mit einem Geschrey, da die Simme jählings steigt, ausgedruckt werden: und dieses geschiehet, wenn man kleine Noten, die fast immer in die Höhe laufen, nimmt, und dabey den Baß oft verändert. Es kommt auch hier viel auf den Zustand der erzürnten Person an. Denn wenn es ein König ist, wird er keineswegs ein weibisches Geschrey machen: Sondern er wird durch eine seiner Majestät anständige Ernsthafftigkeit seine Ungnade zu erkennen geben."* Schließlich warnt er vor Extremen und absurder Originalitätssucht (kein Architekt würde das "Fundament am Dach" anbringen - zugleich ein Beispiel für seinen verschmitzten Humor). Im übrigen sei Geschmack kein Gegenstand für Dispute.[11] Was aber neuerlich aufhorchen läßt und das Vorurteil vom veralteten Fux Lügen straft, ist diese Aussage: *"Wenn iemand sich kleiden wollte, wie vor funfzig und sechzig Jahren gewöhnlich gewesen, würde man sich ohnfehlbar lächerlich machen. So hat man sich mit der Musik nach der Zeit zu richten."* Hingegen wird damit sein Rückgriff auf Palestrina endgültig klar: er ist für ihn zeitlos, sein Stil kann für jede Epoche relevant sein, nämlich als Basis für eine solide Kompositionstechnik (die aber dann zu adaptieren wäre - und neuerlich ist man an Bruckner erinnert, der zu seinen Schülern einmal gesagt haben soll: *"So muß es sein, aber wenn ich von hier draußen bin, mach' ich's anders."*)

Man muß sich der musikalischen Situation zu der Zeit im Klaren sein, da Fux seine *Gradus* schrieb. Er war aufgewachsen in der künstlerischen Atmosphäre, welche in Österreich gegen Ende des 17. Jahrhunderts die Oberhand besaß, in der Periode des "Wiener Barock". In der Musik läßt sich der Barockstil charakterisieren durch eine genaue Berücksichtigung der harmonischen Struktur und, damit im Zusammenhang, durch teilweise Befreiung der Dissonanz; durch den Beginn eines Instrumentalstils, der die speziellen Qualitäten der Instrumente ausnutzt, um die Melodie als solche zu beleben; durch Dominanz der Oberstimme mit Koloraturen zur Tonmalerei und durch die Verwendung von Kontrasten zwischen *piano* und *forte*,

---

[11] Das berühmte, aus dem Mittelalter stammende Wort *"de gustibus non est disputandum"* schließt das Kapitel, bald darauf zitiert er Cicero; er will sich damit als "klassisch" gebildet ausweisen.

Solo und *Tutti*, ähnlich wie in der Architektur die optischen Wirkungen durch den Kontrast von Hell und Dunkel erreicht werden.[12]

Diese Merkmale charakterisieren die Kompositionen von Fux bis ins zweite Jahrzehnt des 18. Jahrhunderts, wobei wie in der Baukunst eines Fischer v. Erlach auch bei dessen Landsmann Fux v.a. der synthetische Charakter zu betonen wäre. Dann setzte offensichtlich eine Reaktion ein. Wie Alessandro Scarlatti begann er nun, Palestrina, dieses "*hellste Licht der Musik*", zu bewundern und einige seiner liturgischen Kompositionen nach diesem Vorbild zu schreiben. Dabei könnte man neuerlich eine Parallele zu Fischer v. Erlach ziehen, der schon zu Beginn des Jahrhunderts eine Krise seines Schaffens durchgemacht und das historische Moment entdeckt hatte, das er seinem bereits 1711 weitgehend fertiggestellten, aber erst 1721 in Wien erstmals erschienenen *Entwurf einer historischen Architektur*, der ersten universalen Architekturgeschichte, zugrundegelegt hat. Hinter diesen Übereinstimmungen könnte mehr als nur Zufall stecken. Auch Fux wählte den *stylus antiquus* als Basis für seinen Unterricht und legte dessen Prinzipien in den *Gradus ad Parnassum* (vier Jahre nach der *Historischen Architektur* in Wien erschienen) nieder. Es ist aber außerordentlich wichtig und darf nicht übersehen werden, daß von den etwa 90 bekannten Messen tatsächlich nur zwei (!) im strengen alten Stil geschrieben sind: die *Missa Quadragesimalis* (K 29) und die *Missa Canonica* (K 7); zu diesen kommen noch einige Gradualien, Offertorien und Hymnen. Am Höhepunkt seiner Bekanntheit, vertraut mit jeglicher Art zeitgenössischer Musik, entdeckte Fux also den *stylus antiquus* als ideales Mittel für die Ausschmückung der Liturgie wieder; als einen Stil, frei von menschlichen Leidenschaften, in dem die melodischen Linien der einzelnen Stimmen zusammengebunden sind in sanft fließenden Harmonien. Als Beispiel für den a-capella-Stil wählt Fux in den *Gradus* jedoch das *Kyrie* seiner *Missa Vicissitutinis* (K 44), die mit Instrumenten überliefert ist. Daß es dafür geeignet ist, sagt einiges aus, Fux dürfte es aber noch aus einem anderen Grund gewählt haben. Unmittelbar vorher hatte er ein Spezialproblem gestreift: "*Wenn die Kürtze des Textes und zu verlängernde Composition eine öftere Wiederholung der Worte erfordert, wie im Kyrie, Amen, u.s.f. hat man dahin zu sehen, daß der daher entspringende Ekel, entweder durch die Veränderung einer fruchtbaren Melodie oder durch Einführung neuer Sätze reichlich ersetzt wird*". Wörtlich bedeutet *Missa vicissitudinis* "Messe der Abwechslung"; Fux, der die Namen stets mit Bedacht, oft auch mit einem gewissen Schmunzeln gewählt zu haben scheint, demonstriert hier genau diese Flexibilität des Satzes:

---

[12] Egon Wellesz, *Der Beginn des musikalischen Barock und die Anfänge der Oper in Wien.* Theater und Kultur 6 (Wien-Leipzig 1922) S.24.

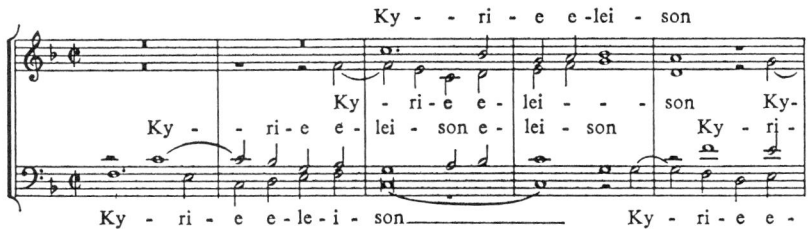

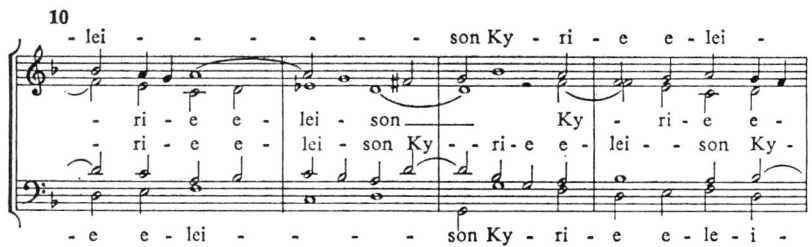

Auf die Frage, ob er eine Erklärung wünsche, antwortet Josephus, der
Schüler: *"Ich sehe und bewundere den Zusammenhang der Stimmen, die
den Satz genau miteinander verbinden: da fast in iedem Tact der Satz bald
in einer, bald in zwey Stimmen auf eine leichte und natürliche singbare Art
voller Harmonie gefunden wird, und zwar so geschickt, daß der Satz*

selbsten die Stelle der Harmonie vertritt". Man kann die Bewunderung des Schülers (oder sollte man sagen: die Genugtuung von Fux?) verstehen, wenn man die Bewegung der vier Stimmen analysiert und feststellt, daß im 6.Takt der Einsatz des Soprans auf *d* ohne Einfügung weiterer Töne (er verkürzt nur das *d* !) eine Modulation von *f* nach *c* nach sich zieht.

Abb.24: Die Wiener Karlskirche nach der *Historischen Architektur* (also nicht nach der tatsächlichen Ausführung); der Bau wurde 1716 von Johann Bernhard Fischer v. Erlach begonnen, aber erst 1739 von dessen Sohn Joseph Emanuel vollendet.

Dieselbe Kanontechnik verwendet Fux auch in seiner *Missa quadragesimalis*[13] (K 29), aber das bekannteste Werk im alten Stil ist seine *Missa di San Carlo*, besser bekannt als *Missa Canonica a Capella* . Diese ist wohl für die Wiener Karlskirche bestimmt oder in Hinblick auf dieses Werk Fischer v. Erlachs geschaffen, trägt jedenfalls den Namen des Heiligen Karl Borromäus, der in Pestzeiten angerufen wurde und der Namenspatron des Kaisers war. In der Widmung an Karl VI. stellt Fux stolz fest, daß er es als seine Schuldigkeit angesehen habe, *"für die glorreiche Kunst die grundlose Ansicht gewisser Leute zu widerlegen, daß im Laufe der Zeit die Substanz der alten Musik derart zurückgegangen sei, daß ihre Bedeutung schrittweise geradezu verschwunden und nichts geblieben sei als der Schatten*

---

[13] = Messe für die Fastenzeit, ein Hinweis darauf, daß er - wie erwähnt - diesen Stil besonders dafür geeignet hält.

ihres Namens, der nun in der modernen Musik aufgegangen sei." Und Fux
fährt fort: *"Ich schmeichle mir, daß* (Eure Majestät in dieser Messe) *sehen
werden, daß die alte Musik glücklicherweise nicht vollkommen versunken
ist."* Er zeigt eine verblüffende Fertigkeit in der Verwendung unterschiedlicher kanonischer Muster in den verschiedenen Abschnitten der
Messe; trotz der höchst komplizierten technischen Kniffe gelingt es ihm,
eine lebendige und wundervoll klingende Musik hervorzubringen. Das vierstimmige *Kyrie* besteht aus zwei Kanons. Der erste antwortet *"in nona alta"*
(der Alt beginnt eine None höher als der Baß), der zweite *"in nona bassa"*
(Tenor eine Non tiefer als der Sopran):

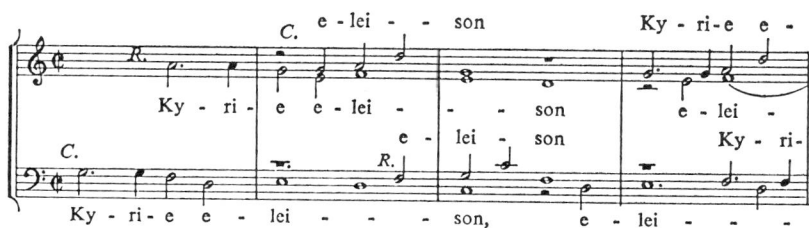

In allen 15 Abschnitten der Messe werden verschiedene kanonische
Kunstgriffe verwendet, sodaß der italienische Untertitel *Tutta in Canone e
particolarmente diversificata* (ganz im Kanon und teilweise verändert) voll

gerechtfertigt ist. Ein weiteres Beispiel muß genügen; der Beginn des *Crucifixus* aus dem *Credo*. Hier sind zwei kanonische Kunstgriffe mit einander verbunden, wie aus den erklärenden Fachausdrücken zu den einzelnen Stimmen ersichtlich ist:

Soprano: *Resolutio in quarta alta*
Alto: *Canone*
Tenore: *Resolutio in seconda alta per movimenti contrari*
Basso: *Canone*

Diese besagen, daß der Baß den Kanon beginnt und der Tenor mit der Umkehrung des Kanons eine Sekunde höher (*e-f*) antwortet, während der Kanon zwischen Alt und Sopran in der Oberquart (*e-a*) erfolgt:

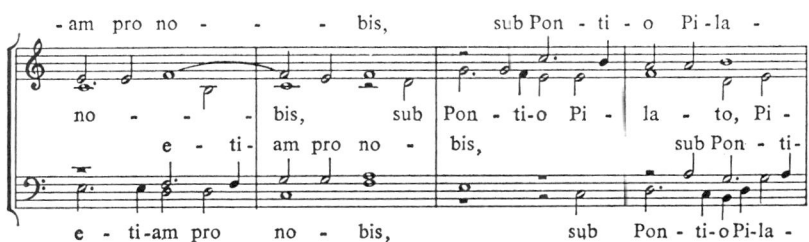

Den Messen im alten Stil können die Offertorien *Ad te Domine levavi* (K 153) vom 1. und *Ave Maria* (K 151) vom 4. Adventsonntag an die Seite gestellt werden. Beide sind auch von Fux in den *Gradus* als Beispiele für vorbildlichen Satz im *stylus antiquus* erwähnt. Dessen Regeln sind weniger streng beobachtet, wenn zum vier- oder fünfstimmigen a-capella-Satz ein Generalbaß für Orgelbegleitung hinzugefügt ist. Wie zu zeigen sein wird, verwendet Fux, wenn er für Chor und Instrumente schreibt, eine unterschiedliche Technik, den *stylus mixtus*. In diesem hat, so führt Fux aus, die Musik "*eine grössere Freyheit im Gesang und im Ausweichen*". Von den drei Beispielen, die Fux in den *Gradus* wiedergibt, möge hier das *Amen* aus der *Missa Credo in unum Deum* folgen:

61

Hier führt Fux in der Rolle des Aloysius die Aufmerksamkeit seines Schülers neuerlich auf die Verwendung der Ligaturen (Bindungen). "*Bemerke ... ob die Melodie gleich natürlich und leicht ist, so ist sie doch nicht gemein. Erwäge ferner die Verbindung der Stimmen, die sehr wohl mit anderen harmonieren; imgleichen wie solche in ununterbrochener Bewegung bis ans Ende fortgesetzt wird*". Der Schüler drückt wiederum seine Bewunderung aus, fragt aber, warum die Dissonanzen entgegen Fuxens eigenen Anweisungen nach oben aufgelöst würden. Der Lehrer antwortet taktvoll, daß ebendieselbe Frage auch von einem exzellenten Musiker gestellt worden sei, der nicht bemerkt habe, daß die fragliche Note nur Teil eines Ornaments und lediglich im Sinne besserer melodischer Bewegung eingefügt sei. Die Substanz, das melodische Gerüst der ersten drei Takte dieses Beispiels, war folgende:

Josephus bedauert, nicht gesehen zu haben, daß die aufsteigende Note Teil der melodischen Verzierung ist, aber stellt noch eine weitere Frage: warum in Takt 9 zwei erhöhte *f* (*fis*, das eine im Alt, das andere im Tenor) stünden, eine Verdoppelung, die der Meister selbst verboten habe. Aloysius antwortet, die *diesis* (Erhöhung) in zwei Stimmen sei verboten, weil die erhöhten Noten die Balance der Stimmen störten, aber selbstverständlich nur, wenn beide Töne lang sind. Das *fis* im Tenor aber habe nur sehr geringes Gewicht und sei wiederum nur wegen der melodischen Bewegung verwendet.

Zugegebenermaßen würden wir hier eher den Argumenten des Schülers als denen des Meisters beipflichten. Für unser Ohr klingt diese ganze Sequenzenkette von 11 Takten unbefriedigend. Sie enthält nicht nur allzu viele verdeckte Oktaven und in Takt 9-11 auch verdeckte Quinten; wir könnten auch die Aufwärtsbewegung von zwei, später vier Stimmen ohne Kompensation durch Gegenbewegung als störend empfinden. Aber hier müssen wir für möglich halten, daß die Zeit, in der Fux lebte, ein von dem unseren unterschiedliches, nämlich engeres Zeit- und Tonraumempfinden besaß, das Fux erlaubte, was wir parallele Quinten und Oktaven nennen würden[14]. Ihr Effekt wurde zweifellos in der Praxis durch eine geschickte Ausführung des Generalbasses auf der Orgel verdeckt. Fux entwickelte seine kontrapunktische Technik zwar nach Palestrina, man sollte aber nicht vergessen, daß es ihm nicht um eine Stil-Kopie ging.[15]

Die *Missa Canonica* hat immer wieder ihre Bewunderer gefunden, auch wenn Fuxens Bekanntheit nicht so groß war wie die von Palestrina. Man kommt eben immer wieder zurück auf eine Kunst, die zum Erhabenen tendiert und in der die Linearität der Stimmen und die Harmonie gleich wichtig sind. Im übrigen sollte man die Bedeutung des reinen a-capella-Stils in Fuxens Schöpfungen nicht überbewerten und mehr die große Vielfalt der von ihm verwendeten musikalischen Gattungen sehen. Außerdem ist es uns derzeit noch nicht möglich, die vielen Werke zu datieren, die ohne Hinweis auf

[14] Ahnliches stellt Liess in den Triosonaten von Fux fest. Vgl. auch Knud Jeppesen, *Der Palestrina-Stil und die Dissonanz* (Leipzig 1925).
[15] Daher ist auch der Vorwurf hinfällig, es fehle "ihm die melodische Begabung" (Karl G. Fellerer, *Der Palestrinastil und seine Bedeutung in der vokalen Kirchenmusik des 18. Jahrhunderts*, Augsburg 1929, S.292-296), es handelt sich auch um ein verändertes Melodie- und Harmoniebewußtsein.

den Lebensabschnitt, dem sie angehören, auf uns gekommen sind. Die Schwierigkeit ihrer Datierung wird erhöht durch die Tatsache, daß der größte Teil der liturgischen Musik nur in Stimmen und nicht in Partitur erhalten ist. Glücklicherweise sind aber die Kompositionen, die in handschriftlichen Partituren oder in Druck greifbar sind, auch diejenigen, welche durch Fuxens Zeitgenossen als repräsentativ angesehen wurden; sie geben uns einen gerechten Einblick in seine schöpferische Tätigkeit.

Instrumentalmusik

Fux bezeichnete als sein *opus 1* den Zyklus von 7 Partiten mit dem Titel *Concentus musico-instrumentalis*. Das Werk ist Kaiser Leopolds I. Sohn, Joseph, damals römischer König, gewidmet, der die Dedikation angenommen und den Druck in Nürnberg im Jahre 1701 bezahlt hatte.[16]

Die erste dieser Partiten ist eine *Serenade* für 2 Clarinen, 2 Oboen, Streicher und Continuo. Sie beginnt mit einem *Marche*, gefolgt von einer *Guique* (*prestissimo*), einem *Minuet* und einer *Aria*; dann kommt eine *Ouverture*, gefolgt von einem *Minuet* mit *Trio*, einer weiteren *Guique* (*prestissimo*), zwei Arien unterschiedlichen Charakters, zwei *Bourées*, einer *Intrada*, einer *Ciacona*, einer *Guique*, einem *Minuet* und einem *Final*.

Ouverture und Intrada werden normalerweise als Eröffnungsstücke einer Suite verwendet. Wir müssen daher annehmen, daß die Serenade aus drei Suiten besteht, die bei einer festlichen Gelegenheit gespielt und unter einem gemeinsamen Titel zusammengefügt wurden.[17] Die Ballettsuiten, die am Wiener Hof zwischen 1665 und 1700 aufgeführt wurden, bestanden meist aus drei bis fünf Tänzen, obwohl auch solche von sechs bis neun zu finden sind, insbesondere in den Werken von Johann Heinrich Schmelzer.[18]

Unter den sieben Partiten ist die erste, die Serenade, die einzige mit Verwendung von 2 Clarinen; die zweite und vierte sind für 2 Oboen, Fagott, Streicher und Continuo;[19] die dritte und fünfte für Streicher und Continuo. Die siebente Partita ist für Flöte, Oboe, Baß und Continuo. Einzelne Sätze haben geistreiche Titel, wie sie in französischen Suiten zu finden sind. Der *Sinfonia* (*adagio-allegro*) folgt ein Allegro-Satz mit der Bezeichnung *La joye des fidels sujets* (*Die Freude der treuen Untertanen*). Das dritte Stück verbindet eine italienische *Aria* mit einer französischen *Air*. Die Aria, von der Flöte gespielt, steht in 6/8, die Air (*Aire* geschrieben), gespielt von Oboe und begleitet vom Continuo, steht in 4/4. Zu bemerken ist auch, daß das Soloinstrument der italienischen Aria als *flauto* bezeichnet ist und in der französischen Air als *hautbois*. Die kühne Idee, zwei Melodien in unterschiedlicher Taktart übereinanderzustellen, nimmt Mozarts ähnlichen Ge-

[16] Der Druck von Instrumentalmusik war damals in Österreich noch äußerst selten und in Wien selbst mangels einschlägiger Druckereien kaum möglich. Nürnberg hingegen war damals noch immer führend auf diesem Gebiet.
[17] Mit einiger Wahrscheinlichkeit (auch die zeitliche Dauer würde dazu passen) kann man darin die oben S.29 erwähnte Namenstags-Musik von 1698 vermuten.
[18] dessen Werke weit verbreitet waren (s.o.S.19) und dessen Sohn Andreas Anton, wie erwähnt, 1696 als Trauzeuge für Fux fungierte.
[19] Continuo bedeutet stets Cembalo oder ein anderes Akkord-Instrument (Orgel, Theorbe etc.), auf dem der Generalbaß ausgeführt wird, mit Begleitung eines weiteren Baßinstrumentes (je nach Besetzung Violone, Violoncello, Gambe, Fagott etc.)

niestreich in der berühmten Ball-Szene in der Oper *Don Giovanni* 86 Jahre
voraus:

Der vierte und letzte Satz trägt den Titel *Les enemis confus* (*Die verwirrten Feinde*).

Diese Partiten hat der junge Komponist für die Unterhaltung am Hof für
festliche Gelegenheiten geschrieben, obwohl einzelne Sätze in kontrapunktischem Stil geschrieben sind. Zwei konkrete Möglichkeiten aus den

Jahren 1698/99 wurden bereits erwähnt. Die dreistimmigen Partiten repräsentieren, wie Köchel richtig bemerkt, eine andere Art von Musik. Sie entsprechen mit ihren 5-6 freien oder tanzartigen Sätzen den 13 weiteren noch erhaltenen und inzwischen neu edierten Trio-Partiten. Diesen sind die 2-4 sätzigen Triosonaten gegenüberzustellen, die ihren Platz in der Festmesse, anstelle der Propriengesänge, insbesondere des Graduale zwischen Epistel und Evangelium besaßen und deshalb *Kirchensonaten* genannt werden.[20] Alle diese Trio-Sonaten weisen einen hohen künstlerischen Anspruch auf; als Beispiel führt Köchel den Beginn der Partita in *g* (K 320) an:

Fuxens Meisterschaft in dieser Gattung war weithin anerkannt. Selbst Mattheson, der die *Gradus* angegriffen hatte und auf den Autor nicht nur gut zu sprechen war, schrieb darüber: "*... und bestehet meiner geringen Meinung nach eines Componisten rechte Meister=Stück in einem künstlichen fugirten Duetto mehr denn in einem vierstimmigen Contrapunct oder alla breve. So haben auch die Trio auf Instrumenten ihre besondere Meriten und erfordern einen festen Mann: wie darin der Kaiserl. Ober=Capellmeister Fuchs unvergleichlich ist*".[21]

Seit einiger Zeit können wir auch die Klaviermusik von Fux gut überblicken.[22] Sie besteht aus Sonaten und Suiten, die zwar grundsätzlich sowohl auf der Orgel als auch auf dem Cembalo gespielt werden können, doch wird man erstere eher dem kirchlichen und letztere dem weltlichen

[20] Steven Bonta, The Uses of the Sonata da chiesa. In: *JAMS* 22 (1969) S. 54-84.
[21] Johann Mattheson, *Critica musica ... Erstes Stück* (Hamburg 1722) S. 131.
[22] Mit einem Band Klaviermusik von Fux eröffnete Schenk nach dem Zweiten Weltkrieg die Fortsetzung der DTÖ (Bd.85 1947), 1964 legte Friedrich W. Riedel Bd.VI/1 der Fux-Gesamtausgabe vor.

Bereich zuordnen und dem entsprechend das Instrument bevorzugen. Dies bestätigt auch die Tatsache, daß sie zum Teil Übertragungen von Triosonaten sind. Jedenfalls sind sie wichtige Bindeglieder in der Entwicklungsreihe der österreichischen Klaviermusik, die mit Froberger beginnt und über Poglietti, F.T. Richter und G. Reutter zu Fux und von diesem über seine Schüler Gottlieb Muffat (1690-1770)[23] und Georg Christoph Wagenseil (1715-77)[24] zu den Wiener Klassikern führt. Es liegt auf der Hand, daß Fux für einzelne Aspekte dem Wiener Hoforganisten Ferdinand Tobias Richter verpflichtet ist, während gewisse französische Einflüsse auf Francois Couperin zurückgehen könnten. Der Friedensschluß zwischen den Dynastien Habsburg und Bourbon vor dem Hintergrund der noch immer bestehenden Bedrohung durch die Türken 1714 hatte ja eine neue Welle französischer Kultureinflüsse zur Folge und es ist gut möglich, daß die Partiten für Cembalo zur Zeit dieser Wiederannäherung entstanden sind. Die ersten Takte der drei Sätze der *Sonate VII* mögen den Stil dieser Klavierkompositionen illustrieren:

[23] *Componimenti musicali* 1739, NA in DTO 7 (1896)
[24] s. Helga Michelitsch, *Das Klavierwerk von Georg Christoph Wagenseil*. Tabulae musicae Austriacae 3 (Wien 1966).

Man beachte, daß diese Stücke kein *b* vorgezeichnet haben. Fux faßt, wie noch manche seiner Zeitgenossen, d-Moll als transponiertes Äolisch auf. Als Komponist von Instrumentalwerken und in seinen Opern (also in den weltlichen Werken) dachte und schrieb er jedoch in Dur und Moll, nur z.T. auch in seinen liturgischen Werken für Chor und Orchester, wie im nächsten Kapitel zu zeigen sein wird.

Abb.25: Beginn der *Missa Corporis Christi*, Autograph
(Paris, Biblothèque du Conservatoire, Res.F.1058)

Geistliche Musik

Die Masse des schöpferischen Werkes von Fux besteht aus Kompositionen für den Gottesdienst, die meisten geschrieben für die Aufführung in der Hofkapelle und an der Wiener Domkirche St.Stephan.

Die ersten Berichte über Zahlungen für die Hofmusikkapelle[25] in den Rechnungen des Hofzahlamtsmeisters für die Musik datieren von 1543.[26] Auf diese Weise kennen wir im wesentlichen die Namen und Entlohnungen der Musiker bis herauf zum Ende der Habsburger-Monarchie. Die Glanzzeit der Hofmusikapelle währte von 1642 bis 1740, da während der Regierungszeit der Kaiser Ferdinand III., Leopold I., Joseph I. und Karl VI. Opern, Oratorien und Ballette die musikalischen Aufführungen zum Gottesdienst und die Divertimenti zur Unterhaltung des Hofes ergänzten. Obwohl die Komposition und Aufführung von weltlicher Musik viel Zeit eines Komponisten beanspruchte, war seine Hauptaufgabe doch nach wie vor die Sicherung der Musik für die täglichen Gottesdienste, für die hohen Feiertage und die Feier wichtiger Ereignisse, insbesondere von Geburts- und Namenstagen der kaiserlichen Familie. Dies war auch Fuxens Aufgabe. Die Zahl seiner für die Kirche geschriebenen Werke ist so groß, daß man sich wundert, wie sie von einem Menschen geschrieben werden konnten, der seit seinen Fünfzigern schwer an Gicht litt. Bereits in Köchels thematischem Katalog war die Zahl der liturgischen Kompositionen sehr groß; wenn wir aber die erst seitdem aufgefundenen Werke dazuzählen, erreichen wir die erstaunliche Gesamtzahl von über 400 Kirchen-Kompositionen, darunter an die 90 vollständige Messen. (Die im a-capella-Stil wurden bereits erwähnt, im folgenden geht es um diejenigen mit Instrumenten.)

Von Köchels Forschungen wissen wir, daß Fux am Kaiserhof ein großes Orchester zur Verfügung stand: 6 Organisten, 23 Violinisten, 1 Viola da Gamba-Spieler, 4 Cellisten, 3 Kontrabassisten, 4 Fagottisten, 5 Oboisten, 4 Posaunisten, 1 Hornist, 16 Trompeter und 2 Pauker. (Das heißt allerdings nicht, daß diese immer gemeinsam aufgeboten wurden.)

Das Gefüge der geistlichen Musik (nicht nur der Messen) von Fux macht einen - um einen von ihm selbst gern verwendeten Ausdruck zu gebrauchen - "natürlichen" Eindruck. Er wünschte seine Musik auch so ausge-

25 Diese Bezeichnung bezieht sich auf das gesamte musikalische Personal der Hofkapelle, die für den Gottesdienst bei Hofe zuständig war: Solisten, Chor, Orchester, Dirigent und Hilfspersonal.
26 Ludwig R. v. Köchel, *Die Kaiserliche Hof-Musikkapelle in Wien von 1543 bis 1867* (Wien 1869); Albert Smijers, Die Kaiserliche Hofmusik-Kapelle von 1543-1619. In: *Studien zur Musikwissenschaft* 6 (1919) S.139-186, 7 (1920) S.102-142.

führt wie sie geschrieben war, ohne all die Ausschmückungen, Verzierungen und Variationen, in denen sich Sänger wie Instrumentisten damals gegenseitig zu überbieten trachteten, die Sänger oft tatsächlich so, als ob sie die Komponisten wären. Zu seiner Zeit, klagt Fux, hätte es ein Komponist nicht nötig gehabt, "*viel Veränderungen hineinzusetzen, weil diejenigen, so die Composition abspielen, solche von selbsten mehr als nöthig ist, und bis zum Eckel hören lassen*"; und er fährt sinngemäß fort: wenn es nur wirklich Variationen wären und sie die Substanz der Musik nicht derart veränderten, daß ein Komponist Schwierigkeiten habe, sein eigenes Werk wiederzuerkennen. "*Doch wer will wider den Strom schwimmen?*"

Als erste half die Veröffentlichung der *Missa SSmae Trinitatis*, das Bild von Fux als Komponisten zu korrigieren, das sich gebildet hatte, solange nur die *Missa Canonica* bekannt gewesen war. Die *Missa SSmae Trinitatis* ist für 3 hohe Streicher (2 Violinen, Viola), 3 Posaunen, Orgel und Doppelchor geschrieben. Sie kann, wie schon erwähnt, als ein Werk der 1690er Jahre angesehen werden. Faszinierend ist, wie beinahe alle wesentlichen Motive dieser reichen Komposition aus dem oben erwähnten abstrakten *subjectum* (in dieser Form und in allen möglichen Umkehrungen) entwickelt sind.[27] Es ist eine Messe im *stylus mixtus*, aber die Instrumente sind noch hauptsächlich zur Unterstützung der Singstimmen eingesetzt.

Dieselbe Technik ist in der *Missa Purificationis* verwendet, doch enthält sie auch schon fortgeschrittenere, ja geradezu arienartige Passagen. Diese zeigen, daß ihn sein "Gespür für alte Musik" nicht hinderte, auch ganz moderne Trends aufzugreifen:[28]

(ii) 'Benedictus':

[27] Einen gewissen Einblick in diese Vielfalt bietet die Motiv-Tabelle bei Herbert Seifert, Zur neusten Fux-Forschung. Kritik und Beiträge. In: *Studien zur Musikwiss.* 38 (1987) S.49-52.
[28] Wollenberg, *The unknown Gradus* S.428.

Der voll entwickelte *stylus mixtus*, der nach Fuxens eigenen Worten damals der in den Kirchen am meisten verwendete war, kann anhand der *Missa Corporis Christi* studiert werden. Er ist deutlich vom a-capella-Stil unterschieden: die Chor-Abschnitte haben oft instrumentale Vor- und Nachspiele, die Soprane haben nicht immer die oberste Linie, die vielmehr in den Violinen oder Clarini zu finden ist. Die Linie der Singstimmen ist denen in zeitgenössischen Kantaten ähnlicher als in Messen des *style antiquo*. Fux warnt seinen Schüler einerseits davor, diesen Stil mit dem der Opern und Ballette zu verwechseln (was oft geschah), andrerseits davor, schwerfällige und sterile Musik ohne Vitalität zu schreiben, "*die mehr Eckel und Verdruß als Andacht würcket*".

Die *Missa Corporis Christi* wurde nach Fuxens autographer Partitur gedruckt und ist mit Februar 1713 datiert. Die Titelseite gibt die Orchestration an (*à 4 Voc. concert., 2 Trombe, 2 Tromboni, 2 Violini concert.*), den Namen des Komponisten und die Information, daß dieser damals an Gicht litt und an sein Bett gebunden war. Es ist eine *missa solemnis* (feierliche Messe) und wurde offensichtlich für eine wichtige Gelegenheit geschrieben. Ihr jubelnder Charakter ist betont durch brillante Orchestration und die Festlichkeit der Musik dringt selbst im *Kyrie* und *Agnus* durch. Die Struktur des *Kyrie* ist außerdem ungewöhnlich: der erste Teil wird von einer *Sonatina* für Trompeten, Posaunen, Fagotte, Celli, Baß und Orgel eingeleitet. Nach dem *Christe* leitet eine andere, kürzere *Sinfonia* im Stil einer Fanfare das zweite *Kyrie* ein, die nach drei Takten voller Harmonie in ein rasches

Fugato mündet. Die erste *Sonatina* besitzt die machtvolle Klangfülle, die für Giovanni Gabrielis *Canzone da sonar* typisch ist und den neuen Instrumentalstil hervorbrachte. Seine Nachfolger in Venedig hatten diese klangvolle Orchestration über Antonio Draghi zu Schmelzer weitergereicht:

Ein Blick auf das *Kyrie* wiederum zeigt, daß Fux auf einen neuen Weg einschwenkt, der zum vor-klassischen Stil führt:

74

obwohl er in seinem Reichtum an Harmonie, in seinem Gebrauch von ungewöhnlichen Akkorden und in seinen Ausflügen in entfernte Tonarten die Venetianische Tradition fortführt, wie anhand der folgenden Passage aus dem *Credo* gesehen werden kann. Dieser Satz der Messe ist in 7 Abschnitte gegliedert, dessen vierter *Et incarnatus est* mit *Adagio* bezeichnet. In diesem verwenden die Komponisten gewöhnlich ihre ausgefallensten Harmonien, aber die Akkordfolge hier ist in der Tat bemerkenswert:

Das *Credo* ist auch wegen seiner Orchestration interessant: Die Sopran-Linie ist durch ein Cornetto sowie die erste und zweite Violine verstärkt, der Alt durch die Alt-Posaune und die Violen, der Tenor durch die Tenor-Posaune und schließlich der Baß durch Fagott, Celli und Kontrabaß. Alle Stimmen sind außerdem durch die Orgel unterstützt, die den Generalbaß ausführt. Das Cornetto ist auf dem Titelblatt nicht erwähnt, obwohl es die ganze Messe über zwischen den Clarinen und der Alt-Posaune eingesetzt ist, wie ein zweites Sopran-Instrument. Es wurde von einem gewissen Leopold Pramayer gespielt, der ein außerordentlicher Virtuose gewesen sein muß, da er bereits 58 Jahre alt war, als er 1712 in die Hofkapelle eintrat; er behielt seinen Posten bis zu seinem Tod im Alter von 83 Jahren.

Fux schrieb auch 6 *Te Deum*, von denen allerdings nur 3 vollständig überliefert sind: Das älteste dürfte K 271 sein, 1704 datiert und vielleicht für die Krönung Josephs I. vorbereitet (aber nicht verwendet). Ein weiteres, vollendet am 2. Dezember 1706, ist autograph überliefert. Das Manuskript befand sich im Besitz Joseph Haydns und wurde mit anderen von seinen Erben durch Prinz Nikolaus Esterházy erworben:

Abb.26: *Te Deum* E 37. Autographe Partitur aus dem Jahre 1706

Abb.27: *Te Deum* in der Hofkapelle anläßlich der Krönung Maria Theresias 1740

Das Werk ist entstanden, als Fux Kapellmeister an St.Stephan war und scheint für die Inthronisation von Bischof Franz Ferdinand v. Rummel (1642-1716) Mitte Dezember 1706 oder für die Hochzeit von Karl (damals

König von Spanien, später Kaiser Karl VI.) mit Pinzessin Elisabeth Christine (1708 in Maria Hietzing, heute Wien, der Bräutigam wurde durch seinen Bruder Joseph vertreten) geschrieben zu sein. Es ist für Solisten, zwei Chöre und zwei Orchester, jedes bestehend aus 2 Clarinen, Pauken, 2 Violinen, Cornetto unisono mit Sopran, Alt- und Tenor-Posaunen mit Alt und Tenor, Fagott, Violoncelli, Violone und Orgel. Der erste Teil beginnt mit einem festlichen *Allegro*, bestehend aus einem Tusch der Trompeten, bis in Takt 8 der erste Chor das Hauptthema beginnt, wiederum gefolgt vom zweiten Chor. Der Tusch der Trompeter ertönt noch einmal und nun beginnt der zweite Chor den Hymnus. Diese 12 sowie die folgenden 4 Takte stehen in strahlendem *C*-Dur:

Dann weicht Fux plötzlich, unter Verwendung der Submediante a-Moll, nach E-Dur aus und weiter nach dessen Dominante H-Dur, und kadenziert in E-Dur. Ohne weitere Vermittlung wiederholt Fux dann die 12 C-Dur-Takte des Anfangs.

Die nächste Phrase *Te aeternum Patrem* beginnt mit Sopran-, Alt- und Tenor-Soli in der ersten Umkehrung von E-Dur, mündend in einen Halbschluß von C-Dur, und wird fortgesetzt mit Fanfaren der Clarinen ohne weitere Begleitung; die Fanfaren alternieren mit dem Gesang der zwei Chöre und enden *Eco carbina*, was nach Meinung des Herausgebers Kecskeméti ein kaum hörbares Echo bedeuten soll:

79

Der Vers *Tu ad dexteram Dei* wird eingeleitet von einem Ritornello mit Clarinen und vollem Orchester. Der vierstimmige Kontrapunkt der Bässe wird nur von den beiden Orgeln begleitet. Gegen Ende ist die Schreibweise neuerlich akkordisch und das Ritornello ist für alle Bläser gesetzt:

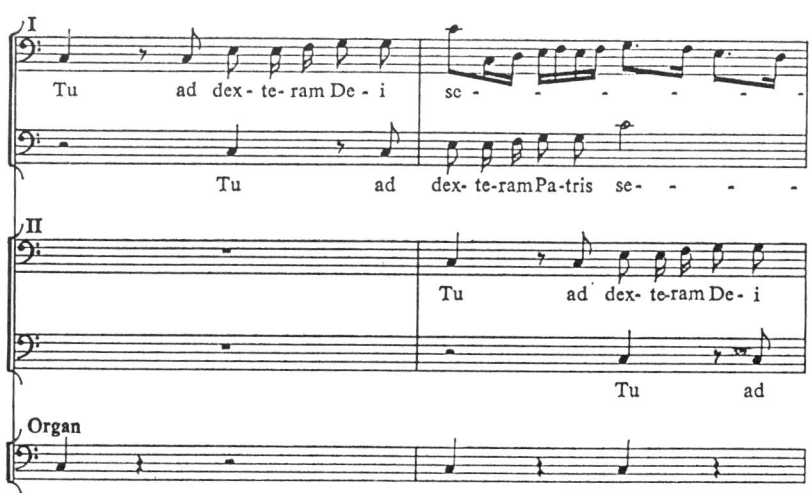

Beachtung verdient das kurze accompagnato-Recitativ *Dignare Domine*
des Solo-Soprans des ersten Chors. Diesem folgt ein Schluß-Chor *In te Domine speravi*, in dem die kontrastierenden Gedanken *speravi* und *non con-
fundar* auch zwei kontrastierende, aber von Anfang an kontrapunktisch
kombinierte musikalische Ideen hervorbringen. In seinem reichen kontrapunktischen Gefüge ist dieses *Te Deum* wirklich repräsentativ für die österreichische Barockmusik, aber seine harmonische Technik erscheint für
diese Periode doch einigermaßen fortgeschritten. Jeder Abschnitt des Hymnus ist klar herausgestellt, entweder in Dur oder Moll, und die Funktion von
Dominate, Subdominante, Mediante und Submediante ist bereits voll entwickelt.

Abgesehen von diesem *Te Deum* führt Köchel ein weiteres (K 271) an,
1704 für fünfstimmigen Chor komponiert und 1716 anläßlich der Geburt
des (wenige Monate später gestorbenen) Sohnes Karls VI. wiederholt. Ein
drittes wurde am 5. September 1723 bei den Prager Krönungsfeierlichkeiten
aufgeführt. Es weist zunächst ganz ähnliche musikalische Charakteristika
auf. Darüberhinaus hat Gösta Neuwirth anläßlich der Neuausgabe an diesem
Stück auch zahlensymbolische Prinzipien entdeckt, wie sie bei Bach seit
längerem bekannt sind. Es wäre gut denkbar, daß dieser Aspekt auch in anderen Werken von Fux eine Rolle spielt:

Teil	Vers	Takt			♩		
I	1–5	1–43	C	43	172		
	6	44–59	3/4	16	48		62½ T. = 234 ♩ = 13 × 18 ♩
	7	60–61	C	2	8		
	8	62		1	4	Te prophetarum	19½ T. = 62 ♩
		63		1/2	2	laudabilis	
				1/2	2	**numerus**	
	9–18	64–105	C	42	168		48½ T. = 194 ♩
	19	106–111		6	24		58½ T. = 234 ♩ = 13 × 18 ♩
II	20	112–118	C	7	28		10 T. = 40 ♩
	21	119–121		3	12	Aeterna fac cum sanctis tuis in gloria	
		122		1	4	**numerari**	
	22–25	123–145		23	92		41 T. = 198 ♩
	26	146–158	3/2	13	78		113 T. = 520 ♩ = 13 × 40 ♩
	27	159–162		4	24	miserere nostri Domine	
		163–166		4	24	miserere nostri	
	28	167–179		13	78		72 T. = 322 ♩
	29	180–234	C	55	220		
		234 T. (13 × 18)			**988 ♩** (13 × 76)		

Abb.28: *Te Deum* K 270, Aufbau (n. G. Neuwirth)

Dasselbe reiche instrumentale Gefüge wie in den *Te Deum* kann
schließlich in den Solomotetten und Antiphonen beobachtet werden, die in
der Gesamtausgabe bereits vorliegen. Fux war nahezu 50 Jahre alt, als er
und Caldara begannen, in Wien die in Neapel bereits führende Kirchenmusik einzuführen. Die Motetten und Antiphonen sind gleichsam
geistliche Kantaten für Chor mit einer oder zwei solistischen Da capo-
Arien, die von einem Recitativ eingeleitet werden. Einige von ihnen sind
derart emotional in ihrem Ausdruck, daß sie ebensogut für ein Oratorium
oder sogar eine Oper geschrieben sein könnten. Dies kann anhand von zwei
Beispielen aus der Antiphon *Alma Redemptoris Mater* (K 186) für Sopran-
Solo, Alt-Posaune, Streicher und Generalbaß beobachtet werden. Die Antiphon wird durch eine *Sonatina* (*Andante*) eröffnet, gefolgt von einem *Allegro* mit einem virtuosen Posaunen-Part:

82

Die letzte Arie *Virgo prius* beginnt *Un poco allegro*, mit einem Dialog zwischen Posaune und Singstimme. Es ist ein konventionelles Stück, das die Virtuosität der Sängerin und des Posaunisten demonstrieren sollte. Im Schlußabschnitt *Peccatorum miserere* aber alterniert die Posaune mit dem Sopran in einer expressiven Melodie:

Die Behandlung der Posaune zeigt, wie hoch der Standard der Instrumententechnik am Kaiserhof war. Der Posaunist war offensichtlich Leopold Christian. In einer Petition um Gehaltserhöhung bestätigt ihm Fux, daß er "*der größte Virtuos in der Welt*" und daß "*niemand ist, der es ihm gleichmacht*". Es ist leicht ersichtlich, daß es diese große Tradition in der

Hofkapelle war, die Mozart zu dem berühmten *Tuba mirum* seines *Requiems* inspirierte.

Der jüngst erschienene Band der Gesamtausgabe enthält Kompositionen zur Vesper, die neben der Messe einen wichtigen Platz in der Liturgie einnimmt. Auch hier begegnen wir denselben Gestaltungsprinzipien, wie das folgende Beispiel zeigen möge:

Damit ist eindeutig dargelegt, wie groß die Kluft ist, welche die *Missa canonica* von den übrigen Messen und Kirchenwerken sowie von den Motetten und Antiphonen mit ihren Recitativen und Arien im modernen Neapolitanischen Stil sowie ihrem intensivierten dramatischen Element trennt. Im folgenden soll gezeigt werden, wie stark dieses Element in seiner eigentlichen Domäne zu sich selbst kommt, nämlich in Oper und Oratorium.

Oper und Oratorium

Die Oper war in Wien mehr als ein "Divertissement", eine bloße Unterhaltung. Die Aufführung einer Oper wurde als ein künstlerisches Ereignis von großer Bedeutung aufgefaßt. Dies ist in hohem Maße darauf zurückzuführen, daß von der Thronbesteigung Ferdinands III. (1637) bis zum Tod Karls VI. (1740) die Kaiser nicht nur Interesse an der zeitgenössischen Musik hatten, sondern selbst kompetente Komponisten waren, die sich v.a. mit Oper und Oratorium im Venetianischen Stil beschäftigten. Aus diesem Grund sind Partituren von Werken wie Monteverdis *Il Ritorno d'Ulisse* (1641) oder Cavallis *Egisto* (1643) in den kaiserlichen Archiven aufbewahrt worden. Zwar faßte die Oper in Wien als regelmäßige Institution erst nach Ende des Dreißigjährigen Krieges (1648) Fuß, doch sind die ersten musikdramatischen Werke in Wien schon in den 1620er Jahren, also wesentlich früher als lange Zeit angenommen,[29] wenigstens erschließbar.[30] Eine Schwierigkeit dabei ist, daß die Begriffe noch nicht endgültig festgelegt waren. Neben den szenischen Formen Drama, Rappresentazione, Komödie etc. mit Musik und Ballett stehen die nicht-szenischen Oratorium und Serenata. Neben dem großen Oratorium wurde noch eine spezifische Gattung für Kammerorchester entwickelt: das sog. *Sepolcro* (so bezeichnet, weil sich ihr Inhalt auf die Kreuzigung Christi bezog und die Aufführungen am Gründonnerstag oder Karfreitag vor einem als "Hl.Grab" ausgestalteten Altar stattfanden).[31] Ein *Sepolcro* besteht aus einer Ouverture, Recitativen und Arien; die Tradition dieser Gattung begann mit Giovanni Valentinis *Santi risorti nel giorno della Passione di Christo*, ihr unerreichter Meister war Antonio Draghi (1634-1700). Um einen Eindruck von der Qualität dieser Musik zu geben, folge die *Suonata à 5* aus *Il Terremoto* (Das Erdbeben, 1682). Es ist für Violine, Sopran, Alt, Tenor, Baßviolen und Generalbaß geschrieben. Das Stück zeigt den reichen Fluß von sorgfältig gewählten Harmonien, was ein Charakterzug der Venetianischen Schule war. Die Folge der Harmonien, welche die Gefühle der Trauernden am Kreuz ausdrücken, ist dramatisch höchst effektvoll und bewegend:

---

29 Alexander v. Weilen, *Zur Wiener Theatergeschichte* (Wien 1901); Franz Hadamowsky, Barocktheater am Wiener Kaiserhof. In: *Jahrbuch der Gesellschaft für Wiener Theaterforschung 1951/52* (1955) S.7-117.
30 Herbert Seifert, *Die Oper am Wiener Kaiserhof im 17. Jahrhundert*. Wiener Veröffentlichungen zur Musikgeschichte 25 (Tutzing 1985).
31 Gernot Gruber, *Das Wiener Sepolcro und Johann Joseph Fux (1972)*.

Mit Beginn des 18. Jahrhunderts war das Oratorium allerdings strukturell mit der Oper weitgehend identisch geworden. Deren Hauptunterschied war, daß die *Opera seria* gewöhnlich drei Akte hatte, ein Oratorium aber nur zwei. (Während der Pause, deren Dauer mit nicht mehr als einer Viertelstunde festgelegt war, hatte ein Hofprediger eine Predigt zu halten.[32]) Sein Inhalt unterschied sich stark von dem des Oratoriums im frühen 17. Jh., das v.a. auf Andacht gerichtet war. Zur Zeit von Fux hatte es alle Charakteristika der Neapolitanischen Oper in sich aufgenommen und war eigentlich eine Koloratur-Oper auf einen Text aus der Bibel.

Fux schrieb zwischen 1700 und 1731 19 Opern und 10 Oratorien. Die Musik der ersten Opern ist verloren. Die erste erhaltene vollständige Partitur ist die von *Julo Ascanio, rè d'Alba*, aufgeführt am 17. März 1708.[33] Das Libretto stammt von Pier Antonio Bernardoni (1672-1714), der 1703-13 in Wien Hofpoet war. Es basiert auf der Geschichte des Ascanius, des Gründers von Alba, wie sie uns von Livius erzählt wird, und der von Euander in Ovids *Fasti*: Ascanius hat die Teukrer besiegt und Alba gegründet. Er verliebt sich in die Schwester des besiegten Königs, Emilia. Ihre Hochzeit bringt Friede und Versöhnung.

Die Ouverture ist[34] eine Mischung von französischer Ouverture und italienischer Sinfonia; der erste, zweite und vierte Satz besitzen Fugato-Eröffnungen, der dritte Satz ist ein *Adagio*. Einige Arien machen von Instrumenten-Soli Gebrauch. Die erste Arie erzielt kriegerischen Charakter durch eine wiederkehrende Trompeten-Fanfare; die zweite, von Ascanio gesungene ("*Vestito da pietà, Amor nel sen m'entrò*"), ist von zwei Violen da Gamba (gerne für Liebes-Arien eingesetzt) begleitet; die Baß-Arie des Euandro "*Credo appeno al mio destino*" besitzt einen reichen Cellopart und die Arie der Carmenta "*Qual giglio*" ist für Cembalo und Viola da Gamba gesetzt. Am interessantesten ist die Orchestration der Arie der Emilia

---

32 Hier ist also der Ausgangspunkt der Gattung als Umrahmung einer paraliturgischen Veranstaltung (mit Predigt) noch immer erkennbar.
33 van der Meer, *Fux als Opernkomponist* I S.63-72
34 van der Meer, *Fux als Opernkomponist* II S.43

"*T'aborrisco*", in der sie zwischen Haß und Liebe schwankt: ihr Haß ist durch rasche rollende Figuren zweier Fagotte ausgedrückt, ihre Liebe durch langsame Akkorde der Streicher:

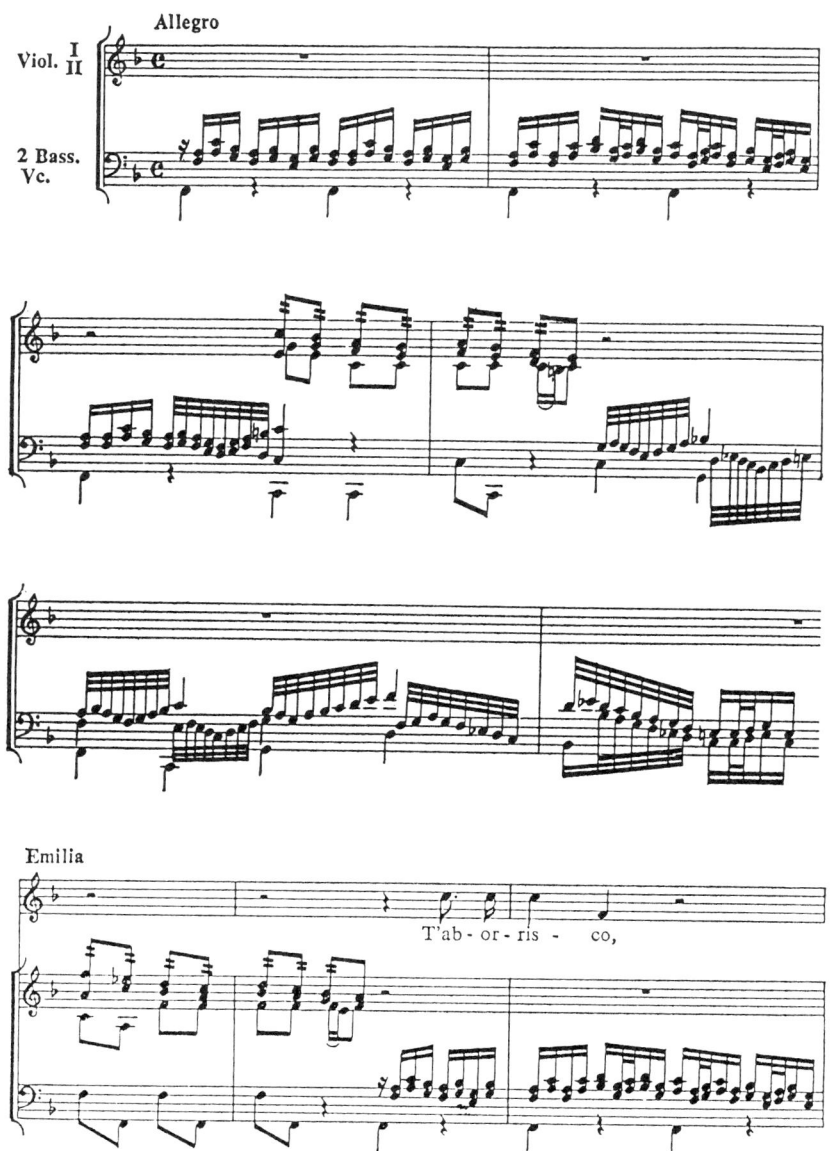

Die folgende Arie des Ascanio, in der er Emilia seine Liebe gesteht, ist der Höhepunkt der Oper: In den 19 Takten des Einleitungs-Ritornells entwikkelt Fux eine Melodie von großer Wärme und Schönheit, gespielt von einer Solo-Violine und nur vom Cembalo begleitet. Die Art, wie er die Melodie in ständig neuen Wendungen in Fluß behält, ist die eines Meisters. Nur in den Takten 4-7 kann die Spur einer Sequenzierung beobachtet werden, ansonsten hat jeder Takt sein eigenes melodisches und rhythmisches Gesicht:

Im folgenden Jahr 1709 schrieb Fux zwei kurze Namenstags-Opern in der Art der sogenannten *Componimenti per musica*. Die erste, *Gli Ossequi della Notte*, war für den Namenstag der Kaiserin bestimmt. Die *Nacht* lädt die *Architektur*, die *Urania*, die Grazie *Pasitea*, den *Schlaf* und das *Schweigen* ein, der Kaiserin zu huldigen. Schlaf und Schweigen protestieren zunächst gegen diese Störung, stimmen aber, nachdem sie den Grund erfahren haben, in die Lobeshymnen ein. Die Ouverture verwendet zwei Orchester mit 4 Trompeten, ansonsten macht Fux von delikaten Orchestereffekten Gebrauch. So ist eine *Sonatina* für eine Chalumeau[35] und eine Gruppe von solistischen Streichern gesetzt:

[35] ein damals modisches Oboeninstrument, s. G. Joppig in: *Alta musica 9*

90

Eine Arie ist für Viola d'amore und zwei Violen da Gamba bestimmt, eine andere für vier Violen da Gamba in unisono.

Im zweiten Componimento, *Il mese di Marte*, wird der Namenstag des Kaisers gefeiert. Die *Sinfonia* beginnt mit einem *Presto* im 6/8-Takt in fröhlicher Stimmung:

Der einfache idyllische Inhalt ist lediglich der Vorwand für die Prophezeiung, daß ein glorreicher Monarch eines Tages seinen Namenstag im März feiern würde sowie für einen Chor zum Preis des Kaisers Joseph I.

In ähnlich festlicher Stimmung ist *La Decima fatica d'Ercole* aus dem Jahre 1710 gehalten. Es ist als *Componimento pastorale-eroico* bezeichnet, da die handelnden Personen einerseits aus Schäfern bestehen, andrerseits aus Hercules und dem Prinzen von Ister. Die Musik ist demnach teilweise pastoral und teilweise kontrapunktisch und martialisch.

Nach diesen gibt es keine dramatischen Werke bis 1714, als Fux das Oratorium *La fede sacrilega nella morte del Precursor S. Giovanni Battista* schrieb. Dieses eröffnet die fruchtbarste Phase in seiner dramatischen Produktion: von da an komponierte er bis 1720 jedes Jahr eine Oper und ein Oratorium, ausgenommen 1718, als er nur ein Oratorium (*Christo nel orto*) schrieb.

Das Libretto von *La fede sacrilega* stammt von Pietro Pariati, der die meisten Libretti für Fuxens Opern und Oratorien schrieb. Pariati war in Reggio-Emilia geboren, studierte die Rechte und promovierte 1687 zum Dr. jur. Er fiel aber bei seinem Souverän, Herzog Rinaldo da Modena, offenbar aus politischen Gründen in Ungnade, wurde eingesperrt und anschließend des Landes verwiesen. Er ließ sich zunächst in Venedig nieder, wo er begann, Stücke und Libretti zu schreiben, die das Interesse Apostolo Zenos erregten, der seinerseits bereits einen guten Ruf als Librettist besaß. Pariatis Bekanntheit als Dramatiker wuchs rasch. Karl VI. berief ihn 1713 als Hofpoeten nach Wien, und er blieb auf diesem Posten bis zu seinem Tod 1733. Apostolo Zeno wurde in der gleichen Funktion 1718 nach Wien berufen und beide arbeiteten in der dramatischen Reform zusammen, die dann in Metastasios Libretti ihren Abschluß fand. Zeno bevorzugte historische Themen, während Pariati seine Inhalte meist auf mythologische Vorlagen aufbaute, die er mit großer Freiheit behandelte. Hier ist Liebe die dominierende Kraft (wie es auch bei Metastasio sein sollte[36]). Pariati ist ein typischer Hofpoet; seine Heroen sind idealisierte Vertreter der herrschenden Monarchen. Sein Ruf war überschattet von dem Zenos und Metastasios.

Wieder zu *La fede sacrilega* zurückkehrend ist festzuhalten, daß die Handlung gut konstruiert ist und Fux eine optimale Gelegenheit für die Schaffung dramatischer Musik bietet.

Das Oratorium beginnt mit einer *Sinfonia* im französischen Stil, d.i. *Andante-Allegro assai*. Nach 5 Takten des *Andante* in Viertelnoten spielen die Streicher folgende Passage, die deutlich eine ähnliche Stimmung erzeugt, wie wir sie in der *Suonata* von Draghis *Terremoto* kennengelernt hatten. Wir haben hier Akkorde von derselben Kühnheit wie in dem Sepolcro von 1682, aber die melodische Linie steigt und fällt mit unerbittlicher Logik:

---

[36] Vgl. N. Campiani, *Un precursore del Metastasio.* Biblioteca critica della Letteratura Italiana (Florenz 1904).

Die tragische Stimmung dieses langsamen Satzes fällt sofort in das *Allegro assai*. Die erregten Passagen der Violinen und die energetischen Fugato-Abschnitte dieses Satzes sind die angemessene Vorbereitung auf die festliche Atmosphäre der ersten Szenen, in denen der Geburtstag des Herodes gefeiert wird. Der Chor des Volkes ist ein Siciliano in zwei Strophen mit pastoralem Charakter. Herodes drückt seine Freude über die guten Wünsche seines Volkes aus, sieht aber seine Tochter Oletria[37] traurig. Sie enthüllt, daß sie und ihre Mutter durch einen religiösen Fanatiker gedemütigt worden seien und verlangt in einer leidenschaftlichen Arie Rächung. Herodes verspricht die Bestrafung des Verleumders. Da tritt Johannes der Täufer auf: Er sei dieser Frevler, aber nicht er der eigentlich Schuldige, sondern die, die ihn anklage; Gottes Stimme lasse sich nicht zum Schweigen bringen. Herodes warnt ihn, in seinen Anschuldigungen zu weit zu gehen, will ihm aber verzeihen. Doch nun erscheint Herodias und beschwört Herodes in einer höchst effektvollen langsamen Arie, sie zu rächen. Johannes fordert Herodes auf, Herodias seinem Bruder, dessen Gemahlin sie gewesen war, zurückzugeben; aber Oletria macht Herodes Vorstellungen und drückt in einer Arie ihre Idee von Königtum aus:

Non è sempre la clemenza   *Nicht immer ist die Milde*
Gran virtù di un Regio core   *höchste Kraft eines Königs-Herzens*

Herodes versucht, die Hinrichtung des Propheten zu verhindern, ist zerrissen von gegensätzlichen Kräften in seiner Brust (*La natura mi sgrida: il cor mi scura / Mir flucht die Natur, es verführt mich das Herz*) und drückt seine Verzweiflung aus. Dann greifen Herodias und Oletria gemeinsam Jo-

---

[37] Salome trägt hier den Namen *Oletria*, das griechische Wort für "die Verderbte"; vgl. Leop. Ergens in der *Literarhistorischen Einleitung* zu Fux-GA IV/1 S.XVI.

hannes an. Es folgt ein brillantes Terzett, in dem sie ihn mit Tod bedrohen, Johannes aber bereit ist, die Palme des Martyriums zu erringen. Ein Chor-Madrigal (*L'innocenza, la fede e la pietade sen van col Precursore / Die Unschuld, die Frömmigkeit und der Glaube, sie folgen dem Verkünder des Herrn*) beendet den ersten Teil.

Im zweiten Teil wird der Konflikt weitergeführt. Die Arien der Herodias und Oletria wären Wiederholungen, wenn nicht Fuxens dramatischer Genius jeder Arie einen neuen emotionalen Charakter gegeben hätte; so, wenn Herodias in einem scheinbar zärtlichen Lied behauptet, es spreche nicht der Haß aus ihr, sondern die Liebe. Eine Nachricht, daß im Volk plötzlich eine Unruhe ausgebrochen sei, führt zur Krise: Johannes wird des Hochverrats angeklagt. Er verteidigt sich in einem expressiven Recitativ: wie könne er als Einzelner eine Revolte anzetteln? Aber er muß aussprechen, was die Wahrheit ist: sein Vergehen ist, die Gattin als Ehebrecherin bezeichnet zu haben, aber er muß dem "*Stern der Wahrheit vorangehen*". Schließlich wird Herodes dazu gebracht, den Propheten einzukerkern. Er lädt sein Gefolge zu einem Fest und bittet Oletria, für ihn zu tanzen; sie tut es zum Klang eines fröhlichen Chores. Voll Begeisterung will er ihr dafür jeden Wunsch erfüllen (*Per la fede regal / Bei meinem Eid als König, bei meinem Leben ... schwör ich: ich will dir alles gewähren und forderst du die Hälfte meines königlichen Szepters*). Oletria antwortet:

Das ekstatische Versprechen des Herodes erinnert an die gleiche Szene bei Oscar Wilde und ganz wie in der Oper von Richard Strauss fordert Oletria das Haupt des Propheten ganz ruhig und fährt in einem tänzerischen Rhythmus fort, Herodes zu verhöhnen, daß ein König, der sein Wort nicht hält, nicht würdig sei zu regieren:

Andante

E'in - de - gno del tro - no chi fe - de non ha, chi fe - de non ha, _____ chi fe - de non ha.

Schließlich befielt Herodes, den Propheten zu enthaupten und ein Soldat eilt fort, den Willen der Herodias zu erfüllen.

An dieser Stelle schiebt Fux eine Arie der Herodias mit Begleitung einer Theorbe ein; es ist geradezu ein brillantes Solo-Konzert für Theorbe, dem die Singstimme nur erklärende Worte hinzufügt. Vom dramatischen Standpunkt aus soll die Arie die Zeit zwischen dem Abgang des königlichen Boten und der letzten Szene, in der er dem Propheten den Tod ankündigt, überbrücken. Auf den ersten Blick scheint diese Arie mit ihren ungewöhnlich langen Ritornellen in einem Oratorium unplaziert zu sein. Man sollte aber bedenken, daß es in Opern, die zwischen 1660 und 1730 für Kaiser gegeben wurden, beinahe üblich war, eine Arie von deren Komposition einzufügen. In diesem Fall könnte Fux gebeten worden sein, ein Theorbenkonzert für seinen Kollegen Francesco Conti (1682-1732) einzuschieben, der als der größte Virtuose auf seinem Instrument galt und kurz vorher kaiserlicher Hofkomponist geworden war.

Dieser triumphierenden Arie folgt ein accompagnato-Recitativ des Herodes, in dem er den fatalen Schwur beklagt, der das ganze Übel und Unheil gebracht hat. Die letzte Szene gehört Johannes dem Täufer, der Gott für die Sünder bittet und gerüstet ist, die Krone des Märtyrertums zu erhalten. In einem Schluß-Chor (der Licenza einer Oper entsprechend) wird die Moral des Oratoriums zusammengefaßt: Wahre Tugend ist, im Angesicht des Todes und des Tyrannen die Herrlichkeit des Himmels reinzuhalten und selbst den Mördern zu vergeben.

Pariatis Oratorium reflektiert möglicherweise Gefühle der Bitterkeit über seine eigene Kerkerhaft und Exilierung, als es darum ging, das zu verteidigen, was er für richtig hielt. Seine persönlichen Erfahrungen haben sein dramatisches Gedicht zweifellos intensiviert und für die Musik müssen wir dem Herausgeber des Oratoriums H. Zelzer beipflichten, daß dieses frühe Werk Fuxens großes Talent als dramatischer Komponist erkennen läßt.

Abb.29: Fux, *Orfeo ed Euridice* (1715), Beginn

Zwei Jahre später schrieb Fux sein erstes großes Bühnenwerk: *Angelica vincitrice di Alcina*, eine *festa teatrale* in drei Akten. Sie wurde auf einem großen Fischteich im Park des kaiserlichen Schlosses "Favorita" am 13., 14., 20. und 21. September 1716 aufgeführt. Das Libretto von Pariati basiert auf Ariosts *Orlando furioso*, der Vorwurf wurde aber mit großen poetischen Freiheiten behandelt. Die Ausstattung war von außergewöhnlichem Prunk. Die Bühnen waren durch Giuseppe Galli-Bibiena, einem der berühmtesten Architekten der Zeit, auf zwei Inseln im Teich eingerichtet worden. Giuseppe war der Sohn des schon erwähnten Ferdinando Galli-Bibiena, dessen Hauptwerke in der Konstruktion von kunstvollen Bühneneinrichtungen bestanden. Er perfektionierte die illusionistische Technik, die auf eine Ablösung der Wände durch Gemälde, die den Blick auf unbegrenzten Raum zu öffnen schienen, gerichtet war. Das Auge des Betrachters ruht nirgends auf geraden Linien von Architekturformen, sondern auf Brechungen des Lichts und Schatten - ein Eindruck, der durch die farbige Orchestration und die Koloraturen der Sänger noch intensiviert wurde.

Die englische Schriftstellerin Mary Wortley Montague sah die Oper anläßlich ihres Aufenthaltes in Wien im September und Oktober 1716 und schrieb in einem Brief vom 14. September an den Dichter Alexander Pope: *"Nichts von dieser Art kann jemals prächtiger gewesen sein und ich kann es wohl glauben was man sagte, nämlich, dass die Decorationen und Kleider dem Kaiser 30.000 Pfund Sterling gekostet haben. Die Bühne, die über einen breiten Canal erbaut war, wurde beim Anfange des zweiten Actes in zwei Theile getheilt, so dass man das Wasser erblickte, auf welchem unmittelbar an verschiedenen Seiten zwei Flotten von vergoldeten kleinen Schiffen erschienen, die ein Seetreffen vorstellten. Es ist nicht leicht, sich in Gedanken einen Begriff von der Schönheit dieses Auftrittes zu machen, der sich meinem Gedächtnisse besonders eingeprägt hat, obwohl das Uebrige in seiner Art ebenfalls vollkommen schön war. Die Geschichte der Oper ist die Zauberei der Alcina, welche treffliche Gelegenheit biethet zum Gebrauche mannigfaltiger Maschinen und Verwandlungen, die mit überraschender Schnelligkeit beschafft werden. Das Theater ist so gross, dass es dem Auge schwer wird darüber hinaus zu schauen und die Costüme sind in der äusserster Pracht. Kein Haus wäre gross genug, diese weitläufigen Anstalten zu fassen, nur sind die Damen, die in freier Luft sitzen müssen, grossen Unbequemlichkeiten ausgesetzt, denn es ist blos ein einziger Baldachin für die kaiserliche Familie da, und als bei der ersten Aufführung ein Regenschauer einfiel, so ward die Oper unterbrochen und die Gesellschaft drängte sich in solcher Verwirrung davon, dass ich beinahe todtgedrückt worden wäre."*

Abb.30: Fux, *Angelica vincitrice*; Ideal-Proszenium des Theaters im Favoritgarten

Das Orchester der *Angelica* hat eine starke Blech-Besetzung, da die Oper ja im Freien gegeben wurde; es gibt darin Ensembles, in denen zum normalen Chor der Streicher acht Trompeten und zwei Paare Pauken treten, verstärkt durch Oboen und Fagotte. Ein Höhepunkt der Oper ist das accompagnato-Recitativ der Alcina, in der sie Megera, die Furien, Geister und Schatten beschwört und ihnen befielt, das glückliche Eiland mit Monstern zu erfüllen:

Es mag erwähnt werden, daß Fux hier der dramatischen Konvention seiner Zeit folgt, wenn er die kulminierenden Szenen seiner Opern als accompagnato-Recitative komponiert.[38] Die Szene beginnt in *d*-Moll, im siebenten Takt erreicht er *Fis*-Dur als Dominante von *H*-Dur, geht zurück nach *A*-Dur, *d*-Moll, *Fis*-Dur, *B*-Dur, *Es*-Dur und endet in *B*-Dur. Dieses Recitativ ist voll von unerwarteten Intervallen für die Singstimme; es ist tatsächlich, wie Van der Meer beobachtet, eines der leidenschaftlichsten und ungestümsten Musikstücke, die Fux jemals schrieb - nicht überraschend, da der Text von Pariatis Szene auf Senecas *Megera*-Szene in seinem *Hercules furiens* basiert. Neben dieser Szene mit einem wilden Tanz der Furien und anderen Szenen von geradezu romantischem Charakter finden wir im 2. Akt ein *Menuett*, das bereits auf Haydn vorausweist:

[38] vgl. *Einleitung* zu *Costanza e fortezza* DTO 34/35 S.XXII

Die einzige zu seinen Lebzeiten gedruckte Oper war *Elisa*, eine *festa teatrale per musica*. Das Libretto war ebenfalls von Pariati und die Aufführung fand am 25. August 1719 zur Feier des drei Tage später fälligen Geburtstages der Kaiserin statt. Die Wiener Nationalbibliothek besitzt ein luxuriös gebundenes Exemplar der Partitur, die bei Jeanne Roger in Amsterdam gedruckt wurde; offenbar dirigierte Karl VI. nach dieser und verehrte sie dann der Kaiserin.[39]

Die Oper scheint so erfolgreich gewesen zu sein, daß sie zehn Jahre später, am 31.August 1729 abermals gegeben wurde. Die Handlung ist einer Episode aus Vergils *Aeneis* entnommen, da Aeneas und Elisa (=Dido) während der Jagd von einem Sturm überrascht werden. Entgegen seiner Quelle baut Pariati eine Reihe von Liebesintrigen mit vielen Ausbrüchen von Eifersucht auf. Aber schlußendlich werden Aeneas und Elisa mit Hilfe von Venus, Amor und Hymenaeus wieder vereint.

Die Oper wurde im Park der "Favorita" gegeben und da es ebenfalls eine Freiluft-Aufführung war, weist sie wiederum zwei Orchester mit jeweils 2 Trompeten, Pauken, Oboen und Streichern auf. Dazu kommen zwei Gruppen für den Jagd-Chor, jede bestehend aus 2 Hörnern, Streichern mit Holzbläser-Verdoppelung sowie Generalbaß-Instrumenten. Bemerkenswert sind die Horn-Signale, die den Chor einleiten; man glaubt geradezu eine romantische Oper zu hören:

---

[39] Bei dieser Gelegenheit soll Fux dem Kaiser das Kompliment gemacht haben, daß an ihm ein Musiker verloren gegangen sei. Die Antwort des Kaisers war nicht weniger trocken-schlagfertig unterspielend: *"Hab's halt so besser."*

1723 war Fux neuerlich aufgefordert, den Geburtstag der Kaiserin zu feiern, doch diesmal fiel dieser mit den Prager Festlichkeiten anläßlich der Krönung Karls VI. zum König und seiner Gemahlin zur Königin von Böhmen zusammen. Die Oper hatte deshalb eine Handlung, welche die Glorie der Monarchie symbolisiert. Pariati wählte eine solche, der er den Titel von Karls VI. Wahlspruch *Constantia et Fortitudine* geben konnte. Sie sollte außerdem die Größe des Reiches demonstrieren, um die Unterstützung der machtvollen böhmischen Aristokraten für Karls sogenannte Pragmatische Sanktion zu erreichen, welche seine Tochter Maria Theresia instand setzen sollte, ihm einmal nachzufolgen.

Nach dem Desaster des Dreißigjährigen Krieges (1618-48) war der alte Adel des Landes in die Stadt zurückgekehrt, zu diesem war ein neuer Kriegsadel gekommen und beide hatten aus Prag eine Stadt des Adels gemacht. Sie wetteiferten an Pracht und üppigem Leben, nach Pest (1680) und Feuersbrunst (1689) hatten berühmte Architekten ihnen neue Paläste gebaut (z.B. Fischer v. Erlach das Palais Clam-Gallas).

Seit 1656 hatte in Prag keine Krönung mehr stattgefunden. Für die Aufführung von *Costanza e Fortezza* baute Galli-Bibiena am Hradschin in der Nähe des Königspalastes für viertausend Zuseher ein Freiluft-Theater. Die Großartigkeit des Theaters und der Szenerien kann Kupferstichen entnommen werden, die dem gedruckten Libretto beigegeben wurden.

Das *Wiener Diarium* berichtet zum 28. August, dem Geburtstag der Kaiserin, daß an diesem Tage alles in der *"kostbarsten Hauptgala bei Hofe erschien, um die üblichen Glückwünsche vorzubringen. Gegen 11 Uhr begaben sich ihre Majestät in Begleitung von gegen die 50 hohen Ministern und Cavalieren ... zu St.Thomas bey denen ... Augustinern Eremiten cum larga*

manica; und nach beygewohntem Gottesdienst begaben sich Ihre Kayserl.
Majestäten ... wieder in Dero Schloss auf dem Hratschin zurück; alwo die-
selbe das Mittagmal unter einer herrlichen Music öffentlich einnahmen.
Nachmittags war alles veranstaltet, ein vortreffliches Theatral Fest unter
dem Titel die Stärcke u. Beständigkeit Welsch gesungener vorzustellen ..."
Der Prospekt von Bühne und Zuschauerraum zeigt Kaiser und Kaiserin
unter einem Baldachin sitzend, die auswärtigen Prinzen und Gäste beider-
seits der Bühne, während der Mittelteil des Auditoriums vom Gefolge ein-
genommen wurde, das aber stehen mußte. Wir können gut A. Zenos Brief
an seinen Bruder in Venedig verstehen, in dem er von der ständig wach-
senden Zahl von Prinzen und Adeligen spricht, die Tag um Tag zum Geburtstag von Elisabeth Christina nach Prag kamen. Über die Oper sagt er,
daß sie den Kaiser mehr als 50.000 Gulden gekostet habe. *"Der Platz kann*
4.000 Menschen fassen, aber ich möchte keiner von diesen sein, weil ich
nicht mehr als sechs Stunden Unbequemlichkeit im Freien und besonders
zur Nachtzeit auf mich nehmen möchte, nur wegen des Vergnügens, sie zu
hören. Es würde dasselbe sein, wenn es mein eigenes Werk wäre."[40]
Die lebendigste und detaillierteste Schilderung der Aufführung stammt
von Johann Joachim Quantz, der mit dem Komponisten Carl Heinrich
Graun und dem berühmten Lautenisten Sylvius Leopold Weiss von Dresden
nach Prag gekommen war, um die Oper zu hören. Sie wurde von Marpurg
in seiner Sammlung von Autobiographien berühmter Musiker veröffentlicht.[41] Von hier übernahm sie Charles Burney, allerdings nicht genau: von
seiner Beschreibung erhält man den Eindruck, daß Fux "ungeschliffene"
Kirchenmusik mit mangelhaftem Charakter geschrieben habe, während
Quantz auseinandersetzt, daß die Musik, *"die auf dem Papier steif und trok-*
ken genug aussehen mochte", aber *"hier im Grossen bei so zahlreicher Be-*
setzung und in freier Luft eine sehr gute, ja viel bessere Wirkung (tat) *als*
ein galanterer, mit vielen kleinen Figuren und geschwinden Noten gezierter
Gesang in diesem Falle gethan haben würde."
Fux wußte am Höhepunkt seiner Karriere aufgrund langer Erfahrung be-
stens, daß Musik, die in einem riesigen Raum mit hundert Sängern und
zweihundert Instrumentisten aufgeführt werden soll, in einem monumentalen
Stil zu schreiben und ebenso zu notieren ist, sodaß der Hinweis von Quantz
auf die Kirchenmusik gar nicht so fehl am Platz ist. Burney mißinterpretiert
aber Quantz, wenn er die wesentlichen Worte wegläßt, daß die Musik vielleicht am Papier steif und trocken ausgesehen hätte, tatsächlich aber für
diese Gelegenheit von der richtigen Art und sehr effektvoll gewesen sei.

[40] Apostolo Zeno, *Lettere* (Venedig 1785) Brief vom 10. August 1723.
[41] Friedrich Wilhelm Marpurg, *Historisch-Kritische Beiträge* (1754-62) I S.210.

103

Abb.31: Fux, Szenenbild aus *Costanza e fortezza* (Prag 1723).

Quantz lobt die Besetzung und sagt: *"unter den Haupt- und concerti-renden Sänger und Sängerinnen war kein einziger mittelmäßig, sie waren alle gut"*. Karls VI. Devise *Constantia et Fortitudine* bot Pariati Gelegenheit, Beispiele römischer Beständigkeit und Kraft auszuwählen. Er nahm die Geschichte von Porsenna, der mit seinem Etruskischen Heer dabei ist, Rom zu erobern und den vertriebenen König Tarquinius wieder einzusetzen. Aber die Verteidigung der Brücke über den Tiber durch Horatius Cocles, Muzius Scaevolas Verbrennen seiner eigenen Hand und andere Heldentaten bringen Porsenna dazu, die römische Oberhoheit anzuerkennen. Ein Schluß-Chor besingt die übermächtigen Heroen *Costanza* (*Beständigkeit*) und *Fortezza* (*Stärke*).

In den festlichen Szenen verwendet Fux denselben Orchesterstil wie in *Angelica* (1716) und *Elisa* (1719), v.a. in der einleitenden *Sinfonia*, in der vier hohe und vier Trompeten mittlerer Lage verwendet werden. Im ersten und dritten Satz der Sinfonia sind die Trompeten und Pauken in zwei Gruppen geteilt. Dieser antiphonische Stil geht, wie erwähnt, auf die großen Venetianer zurück; er kommt von den zwei Nischen für die Chöre und Orgeln in San Marco. Tatsächlich erinnern die Fanfaren des ersten Satzes an Monteverdis *Vesper*, aber der Streicher-Abschnitt in Takt 4-6 bringt einen größeren Kontrast, als wir je im Werk der alten Venetianischen Schule finden. Diese Streicherpartie führt nach *G*-Dur; aber in Takt 7 bringt Fux das Stück durch eine abrupte Wendung der Tonika *G* in die Dominante von *C* nach *C*-Dur zurück, ein Effekt, den wir etwa 150 Jahre später im ersten Satz von Bruckners *Romantischer Symphonie* wiederfinden werden:

In dieser Partitur ist wirklich nichts Steifes oder Altmodisches und es findet sich kein Anzeichen dafür, daß Fux alt wurde. Die Chöre sind von großer Differenziertheit in Stimmung und Rhythmus, die Arien voll von dramatischem Leben und die lyrischen Stellen von aufsehenerregender Schönheit und melodischem Reichtum. Die Phrasen sind ausgedehnt und voll von überraschenden Wendungen. Im ersten Akt gibt es eine Arie der Valeria, der Tochter des Konsuls Valerius. Sie ist von den Etruskern gefangen, aber nach Rom zurückgebracht worden, um ein Friedensangebot zu überbringen, das allerdings von ihrem Vater abgelehnt wird. Sie kehrt wieder, um sich von ihrem Verlobten, Muzius Scaevola, zu verabschieden. Sie versichert ihn, daß sie die Seine sei und niemals aufhören werde, ihn zu lieben; er solle stets daran denken, daß er die Erfüllung ihres Lebens gewesen sei und immer bleiben werde, ihr Herz aller Herzen. In dieser Arie verdoppeln in den Vor- und Zwischenspielen Oboen und Fagotte die Streicher, aber Valerias Gesang wird - und zwar *piano* - nur von zwei Violinen und Viola begleitet:

Sie ist in der üblichen Form eines Sicilianos geschrieben; aber was für ein Ausbruch von Schmerz im 4. und 5. Takt ihrer Melodie und neuerlich in Takt 10 der Violinen vor der Wiederholung von "*e core del mio cor*" mit dem unerwarteten *D*-Dur-Akkord!

Diese Beispiele müssen genügen. Es ist nur möglich, nebenbei das leidenschaftliche Duett zwischen Muzius und Valeria sowie das bewegende Lamento der Erminia zu erwähnen, beides Höhepunkte der Oper, schließlich die Chöre, die Teile der dramtischen Handlung sind und Fuxens überragende Meisterschaft in diesem Genre zeigen.

Die sogenannte Krönungsoper[42] *Costanza e Fortezza* war auch das krönende Ereignis in Fuxens Karriere. Er war am Höhepunkt seines Ruhmes, aber der Tag seines größten Triumphes fand ihn wegen der Gicht, an der er bereits seit einiger Zeit gelitten hatte, nicht in der Lage, sein Werk zu dirigieren. Er hatte in einer Sänfte nach Prag gebracht werden müssen und erhielt bei der Aufführung einen Ehrenplatz nahe dem Baldachin des Kaisers. Der Dirigent war Antonio Caldara, der von nun an mehr und mehr für Fux einsprang.

Fux war 63 Jahre alt, als diese Oper aufgeführt wurde. Wir können uns gut vorstellen, daß er fühlte, er habe damit sein Hauptwerk geschrieben und solle nicht versuchen, dem unmittelbar ein weiteres, das vielleicht weniger inspiriert sein könnte, folgen zu lassen. Im nächsten Jahr scheint er all seine Zeit und Energie der Niederschrift der *Gradus ad Parnassum* gewidmet zu haben, die 1725 (diesmal in Wien) erschienen. In demselben Jahr wurde zum Namenstag von Elisabeth Christina am Montag den 19. November die *festa teatrale* mit dem Titel *Giunone Placata* aufgeführt. Sie war für kleines Orchester geschrieben und mehr ein *componimento di musica* als eine festliche große Oper.

Dieser Operntyp ist wiederum repräsentiert durch *La Corona d'Arianna* von 1726, die dem Hof offenbar so gut gefiel, daß sie in den Gärten der "Favorita" dreimal wiederholt wurde. Das Libretto stammt neuerlich von Pariati, der die Liebesgeschichte zwischen Ariadne und Bacchus mit der von Thetis und Peleus verknüpfte. Wie in so vielen seiner anderen Werke verwendet Fux Trompeten, um der Orchestration einen festlichen Charakter zu geben. Die originellste Verwendung der Solo-Trompete befindet sich in der Arie des Bacchus, in welcher er erklärt, in Hinkunft weniger heroischen Taten als der Liebe sein Augenmerk schenken zu wollen:

---

[42] Gegen diesen eingebürgerten Begriff ist polemisiert worden, doch ist es ein Streit um des Kaisers Bart, ob der Anlaß eigentlich die Krönung oder der Geburtstag der Kaiserin gewesen sei.

- rie - - ro.

Im gleichen Jahr schrieb Fux das Oratorium *Il Testamento di Nostro Signor Gesù sul Calvario* auf ein Libretto von Pariati. Es ist sein längstes geblieben, aber nicht so gut wie die anderen, weil es Fux mit einem zu weitschweifigen Text zu tun hatte. Ganz anders ist die Musik von seinem letzten Oratorium *La Deposizione dalla croce di Gesù Salvator nostro* von 1728 nach einem Libretto von Claudio Pasquini. Es wurde am 23. März in der kaiserlichen Kapelle aufgeführt und 1738 wiederholt. Pasquini war anstelle von Apostolo Zeno (der nach Venedig zurückkehren wollte und Wien 1729 verließ) und zur Entlastung von Pariati (dessen kreative Fähigkeiten nachzulassen begannen) engagiert worden. Wie auch immer, ein Dichter war nicht genug, die Wünsche der Komponisten zu befriedigen. 1729 engagierte Karl VI. daher als Hofpoeten den jungen Abate Pietro Metastasio, dessen Reputation bereits einige Zeit im Zunehmen begriffen war. Er wurde auch der Librettist von Fuxens letzter Oper *Enea negli Elisi*. Diese wurde am 28. August 1731 in den Gärten der "Favorita" im Beisein des Türkischen Botschafters, dem nicht nur die Musik gefiel, sondern auch von der ihm entgegengebrachten höflichen Behandlung angenehm berührt war, aufgeführt.

Die Zeiten hatten sich geändert: die Türkei war nicht länger eine Bedrohung des Reiches. Die Zeiten hatten sich aber auch in der Oper geändert: obwohl *Enea negli Elisi* noch immer eine *Festa teatrale* zur Feier des 40. Geburtstages der Kaiserin war, ist das Libretto im Charakter lyrischer als die früheren von Pariati. Wir haben in diesen Metastasianischen Versen nicht mehr den hochbarocken Stil vor uns, sondern bereits den *stilo galante*. Dieser Meister des Librettos war eine derart kraftvolle Persönlichkeit, daß Madame de Staël ihn in ihrer *Corinne* mit Dante, Petrarca, Ariost, Guarini und Tasso verglich.[43] Sein Ruf als Dichter überlebte die Zeit bei weitem, da Komponisten aufhörten, seine Libretti zu vertonen.

[43] Simon T. Worsthorne, Metastasio and the history of Opera. In: *The Cambridge Journal* 6 (1953) S.534-45.

Metastasio war noch am Beginn seiner Karriere, als er *Enea negli Elisi*, eine eher überflüssige Verherrlichung der Tugenden der Kaiserin schrieb. Aber gerade hier kann man die Schönheit seiner Verse spüren, seine Gabe, die es für einen Komponisten so einfach machte, die Worte in Musik zu setzen. Fux behandelte die *Sinfonia* als ein Stück brillianten Klangs für vier Trompeten und schrieb Chöre, die beweisen, daß er noch immer im Vollbesitz seines kreativen Genius war. In den Arien spüren wir, daß er sogar noch etwas kühner war. Er begann, eine klassische Linie zu entwickeln, die vielleicht in einen neuen Stil gemündet wäre, hätte nicht der Tod seiner Frau ein Ende seiner dramatischen Karriere herbeigeführt.

Heißt das, daß Fux vom Verlust der Frau, die 35 Jahre lang seine Gefährtin gewesen war, derart ergriffen wurde, daß er das Komponieren überhaupt aufgab? Es ist möglich, obwohl es für das Ende seiner dramatischen Karriere auch eine andere Erklärung gäbe. Fux blieb beinahe bis zu seinem Tod der erste Dirigent am Kaiserhof. Obwohl Karl VI. den Diener dreier Kaiser sehr verehrte, würde er ihn nicht in dieser außerordentlich verantwortungsvollen Position belassen haben, wenn Fux seinen Verpflichtungen nicht mehr hätte nachkommen können. Tatsächlich scheint Fux gefühlt zu haben, daß er nicht länger die Anspannung des Opernschreibens sowie das Proben und Dirigieren derselben aushielt. Daher überließ er letzteres fortan v.a. Antonio Caldara[44] und Francesco Conti. Aber er dürfte sich neuerlich auf die Komposition von Kirchenmusik konzentriert haben. Diese Annahme wird gestützt durch die außerordentlich große Anzahl von liturgischen Kompositionen, die schon erwähnt wurden. Sie würde sich jedenfalls gut in das Bild von einem Mann fügen, der als Organist begonnen, lange Jahre ausschließlich für den Gottesdienst komponiert und nie aufgehört hatte, geistliche Musik und Oratorien zu schreiben. Auf diesem Gebiet war er stets ein unerreichter Meister, unberührt von den Stilveränderungen in der weltlichen Musik. Hier war er in der Lage, weiterhin die Musik zu schreiben, die in ihm lebte, und sein Vermächtnis denen weiterzureichen, die seine Messen und Gradualien in der Hofkapelle und am Dom zu St.Stephan auch noch nach seinem Tod hörten und sangen.

So wuchs auch Joseph Haydn, der ein Jahr nach Fuxens Tod nach Wien kam, in der Atmosphäre und Tradition dieses Meisters auf. Er sang seine Messen an der Kathedrale und lernte das Komponieren anhand der *Gradus*. Das Vermächtnis, das Haydn von Fux übernahm, hat er mit seiner Begabung und seinem Genius bereichert. In diesem Lichte besehen erscheint Johann Joseph Fux nicht nur als ein großer Meister seiner eigenen Epoche, sondern auch als Vorläufer der Wiener klassischen Schule.

---

[44] der darüber allerdings nicht sehr glücklich war; vgl. Ursula Kirkendale, *Antonio Caldara. Sein Leben und seine Venezianisch-römischen Oratorien* (Graz-Wien-Köln 1966) S.84.

Literaturverzeichnis

HERBERT BIRTNER, Johann Joseph Fux und der musikalische Historismus. In: *Deutsche Musikkultur* 7 (1942) S.1-14.

FRANZ BRENN, *Die Meßkompositionen von Johann Joseph Fux*. Diss. Wien 1931.

HELLMUT FEDERHOFER, Der Gradus ad Parnassum von Johann Joseph Fux und seine Vorläufer in Österreich. In: *Musikerziehung* 11 (1957) S.31-35.

DERS., Zur handschriftlichen Überlieferung der Musiktheorie in Österreich in der zweiten Hälfte des 17. Jahrhunderts. In: *Die Musikforschung* 11 (1958) S.264-279.

DERS., Unbekannte Kirchenmusik von Johann Joseph Fux. In: *Kirchenmusikal. Jahrbuch* 43 (1959), auch als *Jahresgabe der J.J.Fux-Ges.* (1).

DERS., Johann Joseph Fux und Joseph Haydn. In: *Musica* 14 (1960), auch als *Jahresgabe der J.J.Fux-Ges.* (2).

DERS., Johann Joseph Fux als Musiktheoretiker. In: *Hans Albrecht in memoriam* (Kassel 1962), auch als *Jahresgabe der J.J.Fux-Ges.* (4).

HELLMUT FEDERHOFER - FRIEDRICH W. RIEDEL, Quellenkundliche Beiträge zur Johann Joseph Fux-Forschung. In: *Archiv für Musikwiss.* 21 (1964) S.111-140 und 253-254.

HELLMUT FEDERHOFER, 25 Jahre Johann Joseph Fux-Forschung. In: *Acta mus.* 52 (1980) S.155-194, auch als *Jahresgabe der J.J.Fux-Ges.* (11).

RUDOLF FLOTZINGER, SOL-DO-MI-RE-DO. Ein subiectum und seine (Be)Deutung. In: *Studien zur Musikwissenschaft* 33 (1982) S.13-20.

DERS., *Die Anfänge der Johann Joseph Fux-Forschung im Zeichen des österreichischen Patriotismus*. Jahresgabe der J.J.Fux-Ges. 12 (1982), auch in: *Fux-Studien* (Graz 1985) S.1-27.

DERS., *Vinzenz Fux*. Jahresgabe der J.J.Fux.-Ges. 13 (1983), auch in: *Fux-Studien* (Graz 1985) S.73-109.

DERS., Johann Joseph Fux. Stationen und Gefährten auf dem Weg von Hirtenfeld nach Wien. In: *Fux-Studien*. Grazer musikwissenschaftliche Arbeiten 6 (Graz 1985) S.29-72.

WALTER GLEISSNER, *Die Vespern von Johann Joseph Fux*. Diss. Mainz 1981 (Glattbach 1982).

GERNOT GRUBER, *Das Wiener Sepolcro und Johann Joseph Fux. 1.Teil*. Jahresgabe der J.J.Fux-Ges. (9) (Graz 1972).

BERNHARD HABLA (Hrsg.), *Johann Joseph Fux und die barocke Bläsertradition*. Kongreßbericht Graz 1985. Alta musica 9 (Tutzing 1987).

VITA HALPERN, *Die Suiten von Johann Joseph Fux*. Diss. Wien 1917.

HEINZ WOLFGANG HAMANN, Neue Quellen zur Johann Joseph Fux-

Forschung. In: *Kongreß-Bericht Kassel 1962* (Kassel etc. 1963) S.159f.

SIEGFRIED HOFMANN, Die Ingolstädter Jahre des späteren Wiener Hofkapellmeisters Johann Joseph Fux. In: *Ingolstädter Heimatblätter* 39 (1976) S.1-2.

ANTON KERN, Johann Joseph Fux. Neue biographische Forschungen. In: *Musica orans* 3 (1950) S.8.

HERWIG KNAUS, *Die Musiker im Archivbestand des Kaiserlichen Obersthofmeisteramtes (1637-1705)*. Sitzungsber. d. Öst. Akademie d. Wissenschaften, phil.-hist. Kl. Bde. 254, 259, 264 (Wien 1968-69).

LUDWIG R. V. KÖCHEL, *Johann Josef Fux. Hofcompositor und Hofkapellmeister der Kaiser Leopold I., Josef I. und Karl VI. von 1698 bis 1740* (Wien 1872).

ANDREAS LIESS, *Die Triosonaten von Johann Joseph Fux.* (Berlin 1940).

DERS., *Johann Joseph Fux, ein steirischer Meister des Barock, nebst Verzeichnis neuer Werkfunde* (Wien 1947).

DERS., Neues aus der biographischen Johann-Joseph-Fux-Forschung. In: *Die Musikforschung* 5 (1952) S.194-200.

FRANZ MATSCHE, *Die Kunst im Dienst der Staatsidee Kaiser Karls VI.* Beiträge zur Kunstgeschichte 16/1-2 (Berlin-New York 1981).

FRITZ POSCH, Heimat und Herkunft des Johann Josef Fux. In: *Mitteilungen des Instituts für österreich. Geschichtsforschung* 63 (1955) S.396-402.

FRIEDRICH W. RIEDEL, J.J.Fux und die römische Palestrina-Tradition. In: *Die Musikforschung* 14 (1961) S.14-22, auch als Jahresgabe der J.J.Fux-Ges. (3).

DERS., Musikgeschichtliche Beziehungen zwischen Johann Joseph Fux und Johann Sebastian Bach. In: *Festschrift Friedrich Blume* (Kassel etc. 1963) S.290-304, auch als Jahresgabe der J.J.Fux-Ges. (5).

DERS., Zur "Missa SSmae Trinitatis" von Johann Joseph Fux. In: *Symbolae historiae musicae. Festschrift H.Federhofer* (Mainz 1971) S.117-121.

DERS., *Kirchenmusik am Hofe Karls VI. (1711-1740)*. Studien zur Landes- und Sozialgeschichte der Musik 1 (München-Salzburg 1977).

HERBERT SEIFERT, *Die Oper am Wiener Hof im 17.Jahrhundert* (Wien 1981).

JOHN HENRY VAN DER MEER, *Johann Josef Fux als Opernkomponist* (Bilthoven 1961).

OTHMAR WESSELY, *Johann Joseph Fux und Johann Mattheson.* Jahresgabe der J.J.Fux-Gesellschaft (6) (Graz 1965).

DERS., *Johann Joseph Fux und Francesco Antonio Vallotti.* Jahresgabe der J.J.Fux-Ges. (7) (Graz 1967).

DERS., *Pietro Pariatis Libretto zu Johann Joseph Fuxens "Costanza e fortezza"*. Jahresgabe der J.J.Fux-Ges. (8) (Graz 1969).

DERS., *Johann Joseph Fux. Persönlichkeit - Umwelt - Nachwelt.* Jahresgabe der J.J.Fux-Gesellschaft (10) (Graz 1979).

HARRY M. WHITE, *The Oratorios of Johann Joseph Fux, 1660-1741.* Diss. Toronto 1983 (Dublin 1986).

SUSAN WOLLENBERG, The unknown Gradus. In: *Music & Letters X* (1970) S.423-434.

Neuausgaben:

DENKMÄLER DER TONKUNST IN ÖSTERREICH (Bd.):

1   Messen (E 113, K 7, K 29, K 28). J.E.Habert - G.A.Glossner (1894).
3   Motetten. J.E.Habert (1895).
19   Mehrfach besetzte Instrumentalwerke. G.Adler (1902).
34/35 *Costanza e Fortezza* (K 315). E.Wellesz (1910).
47   *Concentus Musico-Instrumentalis* (K 352 - 358). H.Rietsch (1916).
85   Werke für Tasteninstrumente. E.Schenk (1947).

GESAMTAUSGABE (Serie/Bd.):

I/1   *Missa corporis Christi* (K 10). H.Federhofer (1959).
I/2   *Missa Lachrymantis Virginis* (E 12). H.Federhofer (1971).
I/3   *Missa brevis solennitatis* (K 5). J.-H.Lederer (1974).
I/4   *Missa pro gratiarum actione* (K 27). W.Fürlinger (1981).
I/5   *Requiem* (K 55). K.Winkler (1990).
II/1   *Te Deum* (E 37). I.Kecskeméti (1963).
II/2   *Te Deum* (K 270). I.Schubert - G.Neuwirth (1979).
III/1   Motetten und Antiphonen für Sopran mit Instrumentalbegleitung. H.Federhofer (1961).
III/2   Laudate Dominum- und Magnificat-Kompositionen. W.Gleißner (1990).
IV/1   *La fede sacrilega nella morte del precursor S.Giovanni Battista* (K 291). H.Zelzer (1959).
IV/2   *La donna forte nella madre de' sette Maccabei* (K 292). O.Wessely (1976).
V/1   *Julo Ascanio Re d'Alba* (K 304). H.Federhofer (1962).
V/2   *Pulcheria* (K 303). H.Federhofer (1967).
VI/1   Werke für Tasteninstrumente. F.W.Riedel (1964).
VI/2   Triopartiten. E.Schenk - Th.Antonicek (1979).
VI/3   Triosonaten. J.-H.Lederer (1990).
VII/1   *Gradus ad parnassum.* A.Mann (1967).

Bildnachweis

Abb.1,2 Autor; Abb.3 Harald Kaufmann, *Eine bürgerliche Musikgesellschaft* (Graz 1965) S.174; Abb.4 Matthäus Merian, *Topographia Provinciarum Austriacarum* (Frankfurt a.M. 1649); Abb.5 Universitätsbibliothek Graz, Handschriftenabteilung; Abb.6 Stadtarchiv Ingolstadt; Abb.7,27 Wilhelm Kisch, *Die alten Straßen und Plätze Wiens* (Wien 1883) S.653,284; Abb.8,10,17 Salomon Kleiner, *Wiennerisches Welttheater* (Augsburg 1730-40, Neudruck Graz 1971); Abb.9,31 *Denkmäler der Tonkunst in Österreich* Bd.1 (1894), 34/35 (1910); Abb.11 Archiv des Schottenstiftes Wien; Abb.12,20 Richard Reifenscheid, *Die Habsburger in Lebensbildern* (Graz-Wien-Köln 1982) S.179,205; Abb.13,30 Andreas Liess, *Wiener Barockmusik* (Wien 1946) Abb.16,20; Abb.14,24 Fischer v. Erlach, *Entwurf einer Historischen Architektur* (Wien 1721) S.102,113; Abb.15,16 Richard Groner, *Wien wie es war* (Wien-München 1965) S.160,92; Abb.18 Gesellschaft der Musikfreunde Wien; Abb.19 Wiener Stadt- und Landesbibliothek; Abb.21 Franz Matsche, *Die Kunst im Dienst der Staatsidee Kaiser Karls VI.* (Berlin-New York 1981) Abb.116; Abb.22,25,26,28 Fux-Gesamtausgabe VII/1, I/1, II/1, II/2; Abb.29 Facsimile-Edition v. Howard Mayer Brown (New York-London 1978).

Register

116

117

118